U0535953

刘志岩 著

江口沉银
考古手记

巴蜀书社

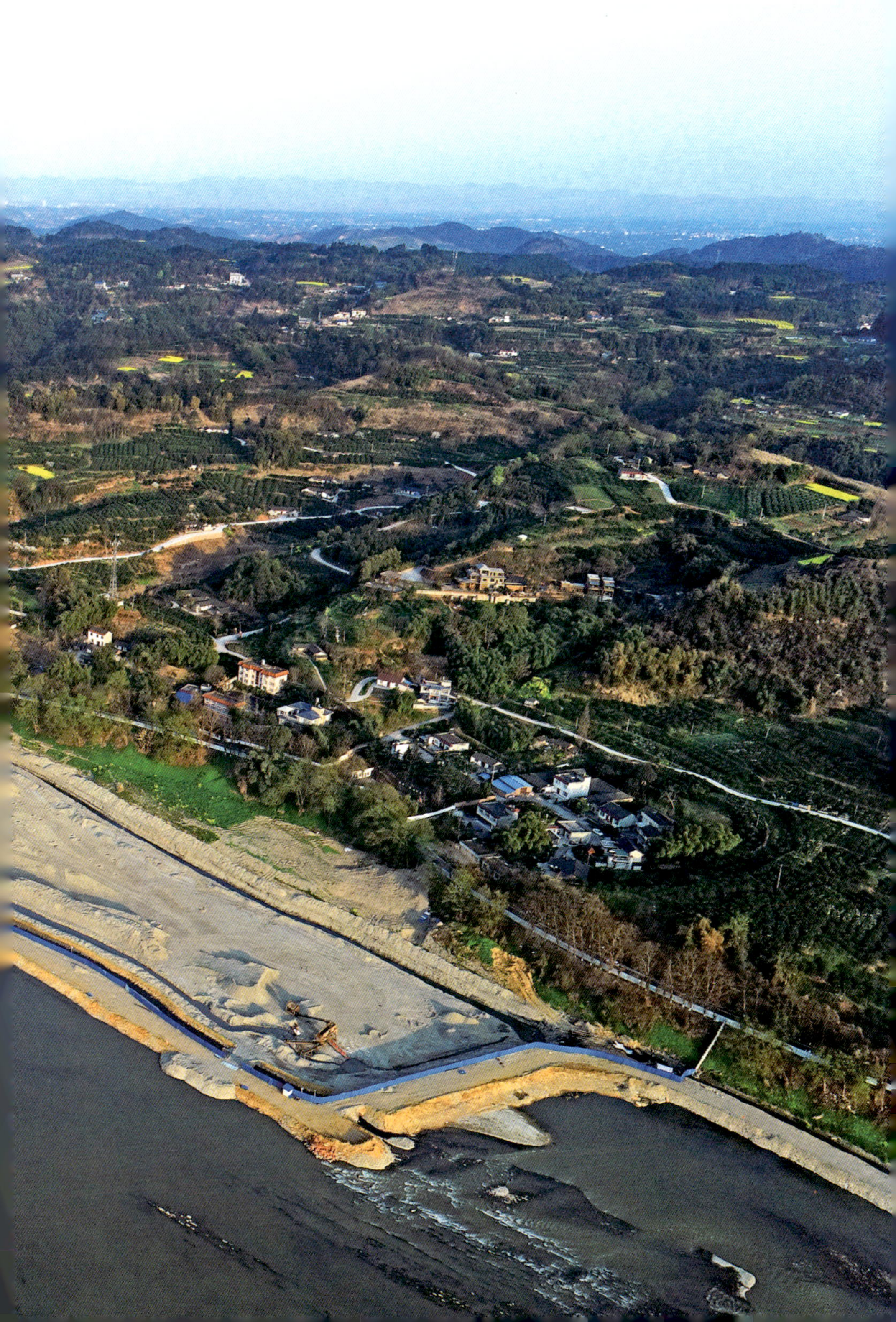

2005

2011

2015

2016

2017

江口沉银遗址考古大事记

―――― 4月，江口镇岷江河道内施工，发现木鞘及7枚银锭。

―――― 4月，江口镇岷江河道内挖砂，发现金册、银锭等文物。

―――― 5月，公安部门打掉盗挖犯罪团伙，追回多件珍贵文物。

12月，江口沉银遗址考古研讨会在彭山召开，专家认为遗址意义重大，需尽快进行考古发掘。

―――― 1月，四川省文物考古研究院派员赴国家文物局专题汇报江口沉银遗址考古工作方案。

4月，国家文物局批准对江口沉银遗址进行考古发掘。

12月22日，江口考古队正式进入江口镇。

―――― 1月5日，江口沉银遗址发掘启动通报会在彭山召开，首次考古工作正式开始。

2月5日 17：04，第一枚五十两银锭发掘出水。

2月6日 16：13，第一页金册发掘出水。

2月17日，国家文物局副局长宋新潮对江口沉银遗址考古工作进行专题调研。

3月3日 9：28，第一枚金锭发掘出水。

3月4日 18：34，第一枚大西国银锭发掘出水。

3月7日，中共四川省委宣传部部长甘霖对江口沉银遗址考古工作进行专题调研。

3月11日，江口沉银博物馆建设研讨会在彭山召开。

3月17日 14：01，第一件木鞘发掘出水。

4月12日，第一次考古发掘结束，出水文物30000余件。

4月13日，江口沉银遗址考古发掘成果通报会在彭山召开。

2018

2020

2021

2022

2023

2024

— 4月10日，江口沉银遗址入选"全国十大考古新发现"。

4月20日，第二次考古发掘结束，出水文物12000余件。

4月21日，江口沉银遗址入选"中国人文学术十大热点"。

4月28日，第三次考古发掘结束，出水文物10000余件。

9月27日，江口沉银博物馆正式启动建设。

— 4月29日，第四次考古发掘结束，出水文物10000余件。

10月18日，江口沉银遗址入选"中国百年百大考古发现"。

10月20日，江口沉银遗址出水金银器保护修复项目入选"全国十佳文物藏品修复项目"。

— 1月21日，"四川彭山江口古战场遗址文物考古研究丛书"入选国家"十四五"时期"社会科学与人文科学专项出版规划"。

4月22日，江口沉银遗址入选"新时代百项考古新发现"。

4月26日，第五次考古发掘结束，出水文物10000余件。

— 3月31日，第六次考古发掘结束，出水文物4000余件。

4月19日，"四川彭山江口古战场遗址文物考古研究丛书"获国家出版基金资助。

10月13日，"四川彭山江口古战场遗址文物考古研究丛书"在四川天府书展首发。

— 9月14日，"四川江口明末战场遗址发掘资料整理与研究"获国家社会科学基金年度重点项目立项。

目录

序 / 唐际根　　　　　　　　　　　001

历史文献记载中的张献忠与宝藏

宝藏传说　　　　　　　　　　　002

谁是张献忠　　　　　　　　　　004

宝藏去哪里了　　　　　　　　　008

谁打捞了宝藏　　　　　　　　　011

领队日志　　　　　　　　　　　016

考古君科普：考古工具有哪些？　017

一件文物大案引起的考古发掘

1. 宝藏初现 **022**
2. 猖獗的文物盗掘 **025**
3. 抢救性考古发掘启动 **029**

　　领队日志 **032**

　　考古君科普：考古发掘分几类？ **034**

定位宝藏

1. "考古神器"派不上用场 **038**
2. 文献调查 **040**
3. 实地调查 **044**
4. 科技探测 **048**
5. 发掘地点确定 **052**

　　领队日志 **053**

　　考古君科普：水下探测方法有哪些？ **054**

史无前例的围堰考古

1	潜水考古不管用，整体打捞不现实	058
2	柳暗花明又一村	059
3	考古界无人走过的路	060
4	围堰与排水	064
5	创新的"水下探方法"	068
	领队日志	074
	考古君科普：围堰是什么？	075

从传说到实证：考古发掘张献忠沉宝

1	考古掀开江口神秘面纱	078
2	创新的发掘方法得到认可	084
3	举世瞩目的考古发掘	087
4	处处是遗憾的考古工作	092
	领队日志	094
	考古君科普：考古工作分几步？	100

众多"黑科技"破解考古难题

1	地球物理探测绘制"3D藏宝图"	104
2	河流动力研究助力寻找"沉宝"	107
3	文物医生"妙手回春"	108
4	沉"银"哪里来?	111
	领队日志	112
	考古君科普:科技考古是什么?	114

考古发掘下半场:文物的保护与传承

1	把文物保护下来	118
2	把文物展示出来	120
3	把文物传承下去	127
	领队日志	132
	考古君科普:考古与盗墓的区别	134

考古发现新历史

文物证明历史   *138*

考古发现历史   *141*

领队日志   *146*

考古君科普：田野考古与传世文献   *148*

江口考古队

初创时期的考古队   *152*

招募考古志愿者   *155*

江口考古队的那些人   *158*

领队日志   *166*

考古君科普：考古专业   *167*

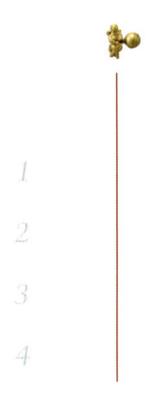

考古"包工头"的日常

对外联络协调	**170**
对内组织管理	**172**
特别的婚礼	**174**
疫情下的江口考古	**177**
领队日志	**180**
考古君科普：考古项目负责人制度	**182**

附录一	**185**
江口沉银遗址出水文物 TOP 20	
附录二	**209**
关于"永昌大元帅印"的几点看法	
附录三	**219**
江口沉银知识地图	

后记	**223**

序

宝藏传说，史不乏载，民间更多。

四川便流传着一个著名宝藏传说：江口沉银。

据说张献忠当年撤出成都时，携带了一批财宝。行至今眉山市一带，张献忠突遭明军将领杨展伏击。激战之后，献忠大败，船队与船上所载珍宝，俱沉入锦江与武阳江相交处。锦江与武阳江，其实是岷江分流而成，二者合流之后，再奔东南。相合之处，又称"江口"。

张献忠沉银时曾封锁消息，但终究纸包不住火。藏宝消息不胫而走，并且越传越神、越传越乱，藏宝之处也由江口滋生出青城山、峨眉山、成都、新津等地点。当年张献忠江口沉银有亲眼所见者，一位叫欧阳直的甚至描述了细节：献忠沉宝时曾将金银装入"木鞘"，然后沉江。"木鞘"之说，后来竟得证实。据《蜀难叙略》记载：杨展击溃张献忠后，获悉沉银之事，令人"以长枪群探于江中，遇木鞘则钉而出之"；从顺治到乾隆年间，不断有人在江口打捞出金银；道光、咸丰年间，二帝曾先后派官员在江口寻找张献忠的"沉银"。"木鞘"也不止一次被发现。因此张献忠江口沉银，既是秘密，又非秘密。

新中国成立后，社会稳定，献忠沉银一事逐渐被淡忘，到江中打捞宝藏的行为也逐渐绝迹。沉银一事，似乎被"封存"了起来。

2005年，沉银之事再起波澜。是年，彭山县（今彭山区）政府为解决当地居民饮水问题，在岷江河道内铺设管道。施工过程中挖出一段木鞘，内有五十两的银锭7枚。银锭刻有湘潭、京山等地名，经鉴定其时代系明代。岷江出水金银的消息，再度招致少数人以身犯险。2014至2016年间，眉山警方从案犯手中追缴金锭、银锭、金册、银册、"西王赏功"币以及各种金银首饰若干。

岷江江口持续发现金银的事实，让文物考古界决定组织力量正式发掘。志岩先生的这部著作，讲述的便是江口考古过程。

考古发掘与盗掘文物的最大区别，在于后者是挖宝，而前者是科研。

许多学者认为：过往的历史，只有通过正式考古发掘获得地下文物证实，才能转化为"信史"。一些执拗的学者为了"表白"自己学术严谨，常常会瞪大眼睛给考古结论找碴儿。对于张献忠沉银或藏宝这类具有重大社会影响的问题必"严密监视"。即使江口一带历年都能打捞出明代金银，即使出水过"西王赏功"币和"大西大顺二年"金册，但只要不经过正式考古发掘，就无法证明张献忠曾经藏宝于此。因此江口发掘的首要意义，便在于对张献忠当年是否在江口沉银给出结论。这就决定了发掘不能有丝毫差池，发掘主持人须谨慎行事。四川省文物考古研究院最终决定由志岩先生主持江口发掘。尽管他自己说是因为此前他曾在彭山"考过古"。实际情况是当时需要一位有水准、有能力的学者，方能担当此任。

施加在发掘主持人身上的压力，我在读这本书的时候感受到了。

中国考古学家的陆地发掘，水准早已领先世界。在殷墟，发掘技师凭借一把小铲、几根钢条，便能将朽蚀在黄土中的商代木质马车清理"剥离"出来。沉船打捞及水下发掘也有先例。我曾应邀参加广东"南海一号"沉船的发掘方案论证会，会上9位专家经反复讨论，最终拿出的方案是将"南海一号"沉船拖至海岸，排水之后再采用陆地作业的方法发掘。然而江口沉银的发掘既非陆地发掘，又不同于"南海一号"，毕竟沉在水下的明代金银散布范围远大于一艘沉船。

刘志岩决定召开论证会，以期讨论出合适的发掘方案。参加首次江口沉银遗址考古发掘论证会的均是国内重量级学者，既有经验丰富的田野考古学家，也有专门从事金银器研究的学者，最终大家选定了"围堰式发掘"。

所谓"围堰式发掘",是先在水中修建围堰,然后把围堰内的水排干,将水下环境转变为陆地环境,再按陆地方法发掘。"围堰式发掘"是在潜水考古和整体打捞都不现实的情况下做出的最明智的选择。如果当时我参加论证会,相信也会给"围堰式发掘"投一票。

选定"围堰式发掘"后,志岩和他的队友们轻松了不少。接下来是选点,即框定"围堰"的具体范围,这是考古发掘布设"探方"之前的步骤。围堰并排水之后,考古工作"转换"成了陆地发掘,一切变得相对简单。张献忠江口沉银的神秘面纱也被逐渐揭开。2017年2月5日,一枚刻有"银五十两,匠张道"的银锭发掘出水。到2017年4月,考古队在大约10000平方米的发掘范围内,清理出各类文物30000余件。

科学发掘,实证了张献忠"江口沉银"的传说。随后便是荣誉加身。2018年4月,江口沉银遗址入选"全国十大考古新发现"。2018年6月,中国国家博物馆推出《江口沉银——四川彭山江口古战场遗址考古成果展》。国家博物馆从30000余件文物中精选了500件展出。来自全国各地的观众享受到了最新的考古成果。我有幸参加了开幕式,清晰记得当时的盛况。

发掘是考古工作的第一阶段,主要解决发掘现场的基本问题,如文物出水前的位置何在?怎么让文物出水?文物当年如何沉底?沉底之后的数百年中发生了什么变化?除了这些,刘志岩和他的团队还要解决更多深层学术问题,例如出水文物有哪些类别?银锭、银钗、金册纯度如何?功能如何?张献忠当年通过什么手段,又从何处获得各种金银制品?明代末年的"大西"辖区内一枚银锭购买力几何?等等。

深层学术问题的回答需要时间,最终给出答案可能要等发掘结束几年甚至十几年之后,但考古队显然已经着手研究这些问题。他们通过测绘3D地图标注出水文物的位置;从水文动力学和物理学角度分析文物的沉底位置与外观变迁;利用XRD、XRF、SEM检测文物成分和观察文物伤情。这些工作都属于为回答上述问题做准备。而人文社科角度的研究更是伴随发掘始终。仅仅一枚"蜀世子宝"印，便揭开了张献忠劫掠蜀王府、霸占明代蜀王之物的史实。倘若有更充裕的写作时间，我想志岩先生会列举部分成分检测和文物伤情探测结果以飨读者。

考古学有三大基本功能：证史、补史、构史。江口沉银遗址经过6期考古发掘，出水文物总计70000余件。如此丰富的文物，最终会勾画出一幅怎样的历史画卷呢？志岩先生的这部著作，算是反映整个江口考古工作的序曲，我们期待第二部、第三部江口考古成果陆续出版。

这部书最大的"看点"是选题。毕竟江口沉银的考古背景是有着"屠蜀"恶名的"张献忠绝唱"，是社会广泛关注的历史事件。依托这样的背景写作，其实是巨大的心理挑战和学术挑战。我猜想志岩先生写作此书的心境既是急促的，又是从容的。从容表现在书的内容与结构。全书以时间为序，叙述发掘缘起、发掘过程、管理过程和科研过程，又不时插入各种考古常识，普及考古类别、勘探技术、发掘方法、考古与盗墓的区别等，还插入国内各大学考古专业的设置，甚至不惜笔墨介绍发掘过程中的志愿者招募、田野工作现场的婚礼以及疫情期间大家的工作与生活。这样的编排，使得读者在围观"围堰式发掘"、享受明末重大历史事件的特殊魅力的同时，还能顺便了解考古，称得上独树一帜。

2019年，我曾在江口考古现场听志岩先生介绍发掘过程。承蒙周颖女士惠赠志岩先生大作，一口气读完，仿佛又回到美丽的岷江，并遥想起明代末年的历史烽火。遂写下上述文字，为江口发掘这次重大考古活动有了一部记述全程的重要著作道贺。

唐晓峰

（南方科技大学社会科学中心暨高等研究院讲席教授）

2024年7月1日于湖南株洲

江口沉銀
JiangKou ChenYin
考 古 手 记

西賞功王

江口沉银 JiangKou CheNYin 考古手记

历史文献记载中的张献忠与宝藏

/ 在江口的文物出水以前，张献忠的宝藏还属于传说范畴；文物出水后，经过考古工作者的努力，这个传说开始变成现实。

/ 原先被忽视的历史文献中的有关记载，值得重新审视。

/ 自从接手江口沉银的发掘项目，我就开始阅读大量相关史料文献，力求对张献忠和他的宝藏有一个相对清晰的了解。可是，我知道的相关知识越来越多，认识却没有相应清晰起来。

/ 因为这些文献的记载各不相同、互相矛盾。我好像打开了电影中的平行宇宙，在好几个世界中，张献忠长成不同的样子，有着不同的性格，经历了不同的人生。无法分辨哪个世界是真，哪个世界是假。

宝藏传说

在中国西南，有一条全长1000多千米的岷江，是长江上游重要支流。它一路自北向南流过茂县、汶川，流过世界灌溉工程遗产都江堰，在成都平原造就了著名的天府之国，最终在宜宾汇入长江。在进入成都平原后，岷江分成府河（锦江）、南河（武阳江）两条支流，经过成都后重新交汇，交汇之处便叫作"江口"。此地属四川省眉山市彭山区，位于成都以南约60千米，眉山以北约20千米。

江口地处两江交汇之处，现在是一座风景宜人、安宁平静的小镇，但在以前陆地交通不发达的时代，它却是重要的水运码头与军事要地。当地地方志记载，明末农民军首领张献忠携带大批财宝撤出成都时，就在此处遭遇明军将领杨展的伏击，双方在江面展开了激烈的战斗。张献忠大败，被迫回转成都。而他运载的大批金银却被沉入江中，没能带走。当地一直流传着有关这批宝藏的传说："石龙对石虎，金银万万五。谁人能识破，买尽成都府。"数百年来，一直有从江口的水底捞出财物的零星记录，但没有人能肯定这些财物就是传说中宝藏的一部分。

岷江都江堰—宜宾段水系示意图

岷江 沱江 涪江

都江堰

青白江

西河 清水河 毗河

江安河 金马河

府河 四环路

成都

六环路

彭山

眉山

青衣江

乐山

大渡河 岷江

宜宾

长江

谁是张献忠

古代的起义者，在正史的编纂者眼中往往是叛贼。1368年，朱元璋建立明朝，永乐年间（1403—1424）民间就出现了盗贼流寇事件。有明一代，此类事件屡扑屡起，不绝于书。《明史》记述这类事件时，都将其附在镇压流寇的大臣的传记之中。《明史·流贼传》记载："盗贼之祸，历代恒有，至明末李自成、张献忠极矣。史册所载，未有若斯之酷者也。永乐中，唐赛儿倡乱山东。……自唐赛儿以下，本末易竟，事具剿贼诸臣传中。独志其亡天下者，立李自成、张献忠传。"唯有张献忠与李自成被《明史》的作者视为盗贼的极致，是灭亡天下的人，因而享有"特殊待遇"——单独列传。

这两位"流贼"都生于陕西，一在延绥，一在米脂。这一年，是明万历三十四年（1606），当时在位的神宗皇帝在历史上以消极怠工闻名，曾创下三十余年不上朝的记录。明朝国势在此期间日益衰落，神宗去世后还不到三十年就灭亡了。有人评价说："明之亡，实亡于神宗。"[1]

明代的陕西，是一个苦难深重的地方。这里地处蒙汉交界，是当时的边疆要地。明朝在此地修筑长城，并长期与蒙古人交战。明朝军队欠饷日久，士兵们生活困苦，加之天灾频仍、官吏腐败，到了明朝末年，此地已是盗贼四起，流民渐多。

张献忠出身于贫苦家庭，曾在陕西当兵，后"犯法当斩"。当时的主将陈洪范觉得张献忠长相奇特，向总兵官求情释放了他。在众多文献中，《爝火录》记载这段史事尤具传奇性：当时犯法的共有十八个人，已经被扒掉衣服准备行刑。他们纷纷请求主将陈洪范向总兵官王威求情。王威说："他们奸淫掳掠，不能免罪。"陈洪范看到蹲在最后的张献忠

---

[1] 历史学家黄仁宇的《万历十五年》对这段历史有细致解读，有兴趣的读者可以参考。

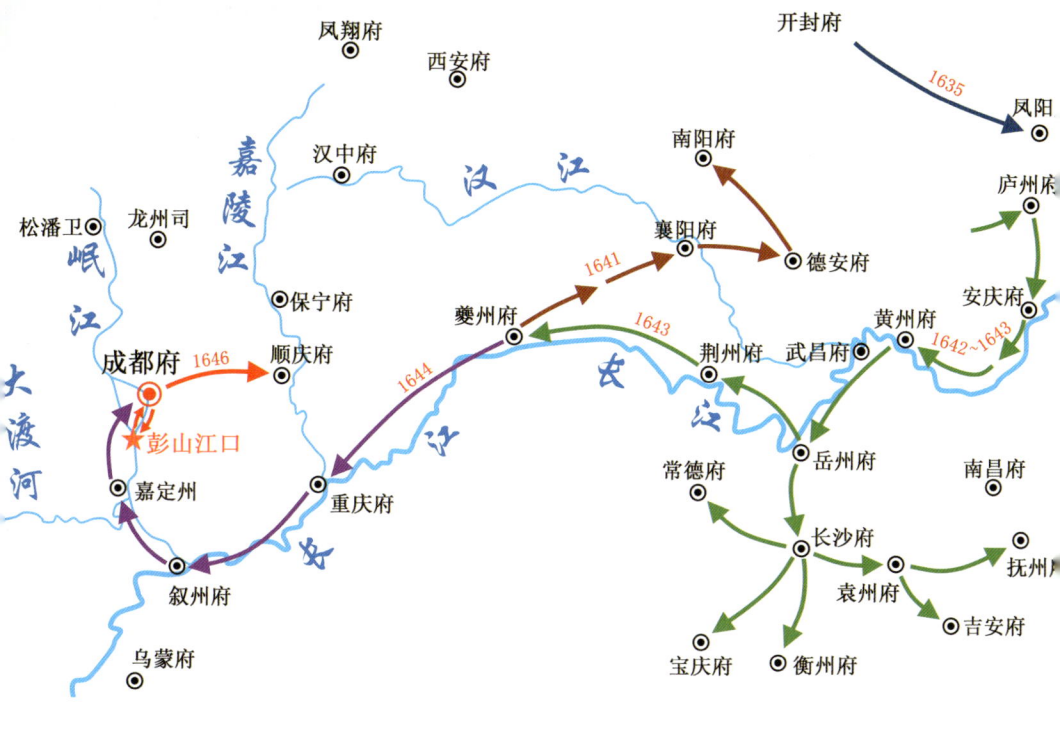

张献忠行军路线图

相貌非凡，说："如果无法赦免所有人，请只赦免这一个。"王威笑着答应了。于是同行的十七个人都被杀掉了，只有张献忠被打了一百鞭后释放，从此他开始了流亡生活。关于张献忠的相貌，《明史》中有相关记载："黄面长身虎颔，人号黄虎"，即张献忠个子高，面色泛黄，长着老虎一样的下巴，外号就叫"黄老虎"。

　　死里逃生的张献忠并没有安分守己地过日子。崇祯初年，陕西又一次遭遇大旱，饥民们被迫吃草根、树皮为生，本来已经存在的大批盗贼流民迅速聚集，义军四起，群雄割据。二十四岁的张献忠也起而响应，成为其中一员，自称"八大王"。之后，和历史上很多农民军一样，张献忠率领部属流动作战，与其他义军时分时合，对官军时叛时降；军容时盛时衰，盛时攻城陷地、连战连捷，衰时败入山林、分散逃亡，征战足迹遍布大半个中国。

历史文献记载中的张献忠与宝藏

1644年，李自成攻入北京，崇祯自缢于煤山，明朝灭亡。李自成随之被入关的清军击败，向西撤军。顺治皇帝入关登基，定都北京。同一年，张献忠在成都称帝建国，号大西国，年号大顺。在称帝两年后，张献忠烧城出川，在路上与清军发生遭遇战，中箭身亡，时年四十岁。关于此事，《清世祖实录》记载："靖远大将军和硕肃亲王豪格等奏报：'臣率师于十一月二十六日至南部，侦得逆贼张献忠列营西充县境。随令护军统领鳌拜巴图鲁等分领八旗护军先发，臣统大军星夜兼程继进。次日黎明抵西充，献忠尽率马步贼兵拒师，鳌拜等奋击，大破之，斩献忠于阵。'"

宋代石刻江口石龙（四川省眉山市彭山区）

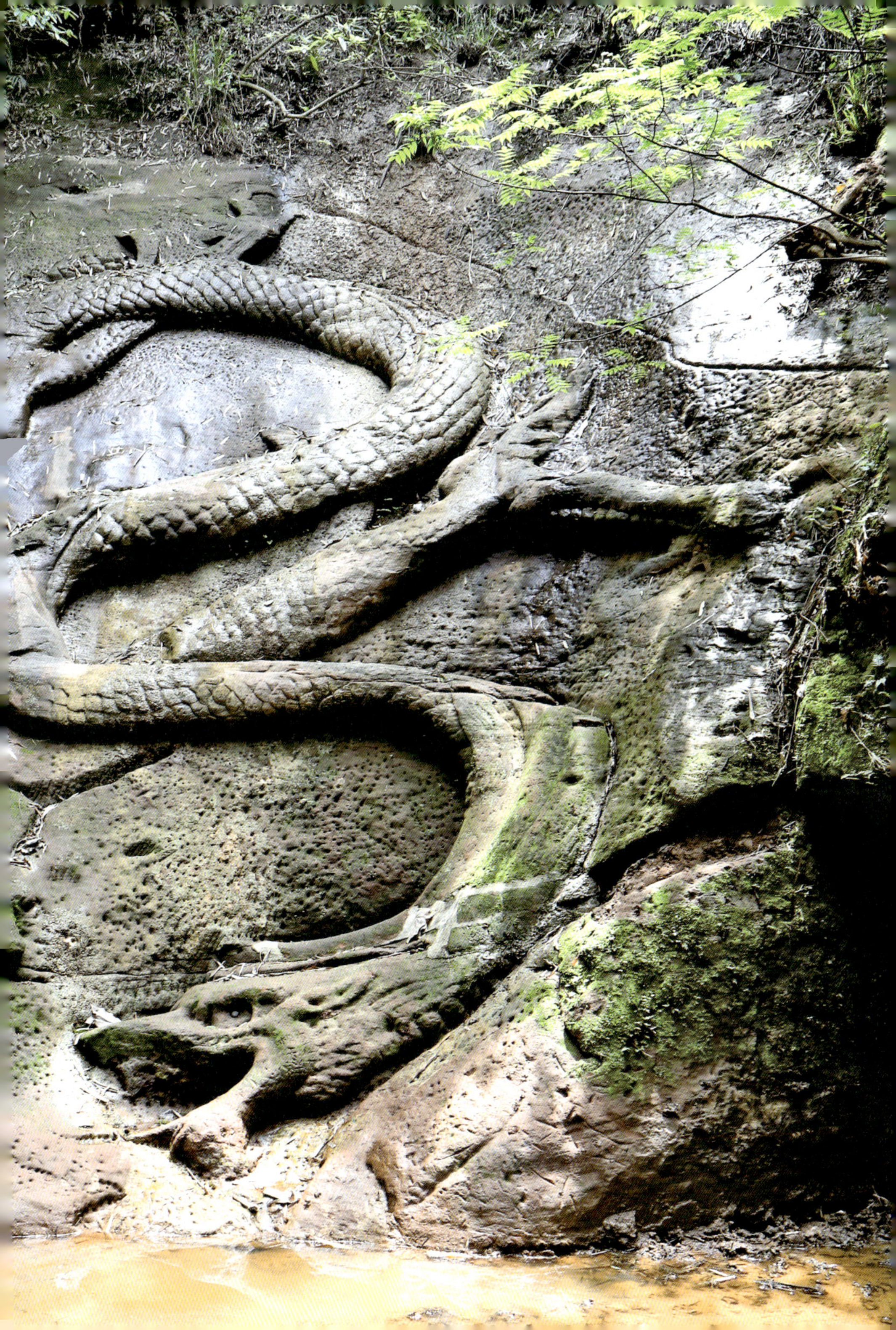

宝藏去哪里了

张献忠给后人留下的印象，有两点最为突出：第一是残忍好杀，有"屠蜀"之名。著名作家李劼人先生在他书中曾这样描写张献忠离川前的行动："他便决意放弃成都，决意只带领五百名同时起事的老乡，打回陕西去做一个短期休息；于是便宣言必须把川西人杀完，把东西烧光，不留一鸡一犬，一草一木，给后来的人。果然言出法随，立刻兑现，先杀百姓，次杀军眷，再次杀自己的湖北兵，再次杀自己的四川兵。"[1]

除嗜杀之外，张献忠留给人们的第二个印象，是在行军过程中抢掠了大量财物，埋藏在不为人知的地方。张献忠是否屠川、屠川的规模究竟如何，到现在仍有争议。而宝藏的存在，通过江口早期偶然发现的部分文物可以看出并非空穴来风。但当我想更进一步从历史记载中找出张献忠藏宝的线索，以便对江口沉银的考古发掘有所帮助时，却发现这些记载互相矛盾，在藏宝细节上的说法相差极大。

首先是关于藏宝的地点，仅仅在四川，文献中至少就记载了六处之多，从北至南依次为青城山、成都、新津、彭山、青神和峨眉山。其中被提及最多的，就是成都的锦江和彭山的江口。

《明史·张献忠传》就说宝藏被埋在锦江，其埋藏手法颇具创意：先筑堤引流，将江水移开，露出江底。再把江底挖开，埋入宝藏。最后把所筑的堤坝扒开，让江水回流，覆盖原来的河道。这样的手法，工程浩大，保护性强，就是张献忠自己也不容易找回来。他在藏宝时显然处境危险，怀着有去无回的决心，说"无为后人有也"。与张献忠同时代的著名诗人吴伟业，在他写的《绥寇纪略》一书中也专门提到了张献忠的藏宝事件，地点和经过都和《明史》类似。但其中多了"杀人夫"的

---

[1] 详见《李劼人说成都》"张献忠破城"一节。

细节，"用法移锦江而涸其流，穿穴数仞……杀人夫，下土石以填之，然后决堤放流，名曰'锢金'"，就是张献忠在埋入宝藏后，把参与这项工程的工人都杀死了。专门记述四川史事的地方文献雍正《四川通志》中，也沿用了"锦江埋宝"的说法。

张献忠入川的亲历者、四川人杨鸿基在《蜀难纪实》中则认为张献忠沉银的地点在彭山江口："贼威令所行，不过近省州县，号令不千里矣。献忠自知不厌人望，终无所成，且久贼之无归也，思挟多金、泛吴越、易姓名、效陶朱之游。于是括府库民兵之银，载盈百艘，顺流而东。至彭山之江口，初心忽变，乃焚舟沉镪而还。"他写道：张献忠在四川不得人心，统治困难，就搜刮了政府和百姓的金银，离开成都，想归隐江南。但走到江口的时候，忽然改变了主意，烧掉了运载财宝的船只，把金银沉入江中。另一位亲历者、曾被裹挟入张献忠军中的文人欧阳直，也记宝藏沉在江口，并在记述中提到了装金银的工具——木鞘。这与2005年在江口偶然发现的文物是吻合的。这两位亲历者都认为，张献忠把宝藏沉入江口是有意的。但也有文献认为，张献忠沉银江口是迫不得已。《彭山县志》记载：张献忠携带宝物离开四川时，遭遇明军将领杨展的伏击，在江口展开激战，结果失败而回，所带金银却没能带走，沉入江中。专门记述张献忠乱蜀的《蜀碧》也支持这种说法。

关于张献忠藏宝的地点，文献中记载各不相同，宝藏数量也是如此：有的说装了几百艘船，有的说装了几千艘，还有的说堆积成了山。但其数量之巨大，是所有文献记载的共同之处。这些数量巨大的财宝，是哪里来的呢？

这一点文献中的说法也是一致的：是抢来的！但抢自哪里，说法又各不相同。有的说来自各地的藩王、官府、乡绅、商贾；也有说上至宗室公卿，下至普通百姓，张献忠都没有放过。其中欧阳直的《蜀警录》记述最为详尽："禁人带藏金银，有即赴缴，如隐留分厘金银或金银器物首饰，杀其一家，连坐两邻。于前门外铺簟满地以收之，须臾，钮扣亦尽。"张献忠明令禁止任何人携带和收藏金银，包括首饰器物在内。如果有分毫隐藏，杀其全家，邻居也连坐有罪。他派人在城门前的空地上铺满席子收缴金银，结果连钮扣都被搜刮干净了。

谁打捞了宝藏

张献忠遗失的巨额宝藏吸引了诸多的追寻者,清代以来的历史文献中关于打捞宝藏的记载就有很多。

《蜀难叙略》记载:"逆之焚舟北走也。一舟子得免,至是诣展,告之。展令以长枪群探于江中,遇木鞘则钉而出之,周列营外,数日已高与城等,如是年余。"该条文献的大意是:张献忠在江口遭遇明军将领杨展的伏击,大战而败,于是烧船撤退,沉银入江。有一位船夫在战争中逃离生还,告诉了杨展沉银的消息。于是,杨展命令属下用长枪刺探江中,遇到木鞘就钉上提出水面,放在营房外。结果短短数天之中,木鞘已经垒得和彭山城墙一样高,而这样的打捞活动持续了一年多。

明末江口大战

顺治十一年（1654）的时候，《蜀难叙略》记载："有渔人获银鞘于江口，而剖其鞘为饲豕之具。见者诣守将告之，渔人献其所在，主者以为不止此也，遂炙拷而毙。于是制诸器日打捞于江中，亦时有所得，二三年后，尚矻矻不休。"就是说当时有一个渔夫在江中打捞到了装银子的木鞘，他把银鞘从中间剖开，用作了喂猪的食槽。地方官府得到消息后，将渔夫捉来拷问，渔夫不仅献出了银鞘，还指出了捞到银鞘的地点。官府认为他捞到的银鞘绝不会只有这么一件，于是严刑逼问，渔夫也因此被拷打致死。后来官府按照渔夫指定的地点，派人打捞了两三年，时不时地都会有一些收获。

时隔近六十年后，康熙五十一年（1712），《清圣祖实录》记载："上谕大学士等曰：'前原任四川巡抚能泰，曾具折奏请开矿，后又奏称江中有银，派官监视捞取，以为兵饷。朕以此二事俱不可行，随朱笔批发，朕乃人君，岂有令江中捞取银两之理。观此二事即知，能泰必贪。尔等可传能泰问之。'寻大学士等奏传问能泰，据云奏请二次，皇上皆朱笔批不准行。"四川巡抚能泰曾两次向康熙皇帝上奏，说在江中发现银两，请求派官员监视并打捞出来用作兵饷。康熙皇帝并未批准能泰的捞银行动，并认为能泰热衷于捞银一事，必定怀有贪腐之心。

康熙帝像

乾隆帝像

道光帝像

又过了八十多年，乾隆六十年（1795）的时候，《清高宗实录》记载："谕军机大臣等：'据孙士毅奏，四川彭山县江口自上年起至本年正月止，捞获银三千余两等语。此事从未见奏明，今日问倭什布方知之，所办殊为失体。江口地方，如果遇有饷银沉溺等事，自应令地方官实力捞获，以重帑项。若并非官项，止系江中间有行旅往来沉失银两，或于沙中淘摸零星银砂，附近贫民或在彼捞拣，亦不过沙里淘金，藉资糊口，又何值派官打捞，与细民争利。况国家帑藏充盈，又岂在此锱铢之数。'"当时四川总督孙士毅向皇帝奏报，说上一年彭山县从江口捞出了白银三千余两。乾隆皇帝并没有见钱眼开，而是发下上谕，指示此事办理不妥：如果江口所沉是官银，自然应该由官府组织打捞。如果是来往的商旅行人丢失的银两，或者为附近的贫民所进行的淘金活动，则官府不应该与民争利。国家府库所藏充盈，不必在意这点小银两。

时间来到了道光、咸丰年间，这一时期的国库空虚，财政吃紧，两位皇帝对待张献忠宝藏的态度发生了明显的转变。《清文宗实录》记载："谕军机大臣等：柏葰等奏，据编修陈泰初呈称，《明史》及《四川省志》均载明末张献忠窖有金银数千万于锦江之下。并称尝目见彭、眉居民捞得献忠遗弃之银，其色黑暗。

又闻曾经查出归官,尚存藩库,有案可核。道光十八年,曾派道员履勘,以未能确指其处,是以中止等语。著裕瑞按照所呈各情形悉心访察,是否能知其处,设法捞掘,博采舆论,酌量筹办。"即根据《明史》《四川通志》的记载以及曾经的打捞记录,道光帝曾派官员在江口寻找张献忠的沉银,但无法找到具体的地点,失望而归。咸丰帝并未就此放弃,也曾发下上谕,命令官员收集信息、实地踏勘,以求沉银的确切地点,从而打捞宝藏。但这件事也没有回音,很大可能是失败了。

咸丰帝像

1939年锦江淘江现场

一直到民国，类似的寻宝活动仍未绝迹。1937年，日军对华侵略日益加紧，全国抗日情绪高涨。成都人杨白鹿献出了一份"锦江藏宝图"，建议挖出张献忠宝藏，用来充盈抗日财力。据说这份藏宝图就来自张献忠军中的石匠。

1939年2月，时任国民革命军第88军军长范绍增、川军将领马昆山等人成立了锦江淘江股份有限公司，以藏宝图为线索，在社会上公开招募股本，筹集资金为挖掘宝藏做准备。1939年3月1日，该公司招工96人，开始了这次轰轰烈烈的挖宝行动。他们选择的挖掘地点就在今天成都望江楼附近的河流砂堆中，在挖掘过程中甚至还用上了当时最先进的金属探测器。

这次挖宝活动持续了三个月左右，最终因为锦江汛期的到来而不得不终止。在之后的两年里，在同一地点又先后进行了两次挖宝行动，但整个过程中只挖出了石牛、石鼓和属于张献忠大西政权的部分铜钱，传说中价值亿万的宝藏却一直没有出现。

民国时期挖出的石牛　　　　　　挖宝使用的金属探测器

2015年 10月 8日　　星期 四　　天气 晴

我接手了彭山江口沉银遗址的考古工作，对于我来说这是一个巨大的挑战。大学的本科和研究生所段，我虽然都是读的考古学，但是研究方向更偏重于史前考古，对于明代的历史很少涉猎，更是从来没有进行过明代史迹的考古发掘和研究工作。如若想把江口沉银遗址的考古工作做好，那深入了解这段史事乃至整个明代的历史背景无疑是非常重要的。为此，我从孟森先生的《明史讲义》读起，并先后阅读了顾诚先生的《明末农民战争史》、王纲先生的《张献忠大西军史》等著作；翻阅了《蜀碧》《绥寇纪略》《荒书》《蜀难叙略》以及嘉庆《彭山县志》等明清笔记和县志；查阅了《明史》《明史纪事本末》《明通鉴》《国榷》《明季南略》等史书的相关章节。

通过上述的阅读，我对明代的历史背景有了较为全面的认识。虽然这些文献中关于"江口沉银"史事的记载较为杂乱，且多有矛盾，但对于我来说却是一个从无到有的过程，让我对这段历史从一无所知到有了大致的初步印象。而这些印象对于后来我在发掘地点的选择、遗址性质的确认乃至对出水文物的解读上都起到了非常关键的作用。

从本质上来说，考古工作的主要目的就是探索未知的历史，尤其是历史时期的考古工作，更需要与文献结合起来开展研究。著名考古学家夏鼐先生认为考古学与文献史学在历史研究中缺一不可，正如"车之两轮与鸟之双翼"。

考古君科普

考古工具有哪些？

卷尺：布方测量时使用。

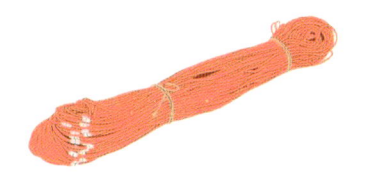

线绳：布方和拉基线时使用。

手铲：分为方头、尖头等，用于刮面、划定土层界限等工作。

毛刷：用于清洁文物表面。

水平尺：测量绘图时，用于测量水平和垂直度。

◀ 探铲：考古钻探工具，也叫"洛阳铲"。

喷壶：用于保持土壤湿润。▶

◀ 罗盘：用于确定遗迹的方向。

竹签：清理工具，适用于清理人骨、陶器、青铜器等遗存的外表附着物。

绘图工具：尺子、橡皮擦、铅笔、米格纸、硫酸纸、圆规、绘画板等。

标签：文物的"身份证"，便于记录文物名称、位置和属性等信息。
▼

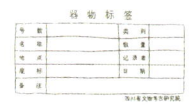

撮箕：收土工具。
▼

封口塑料袋：用于收集遗物标本。
▲

锄头：挖土工具。
▲

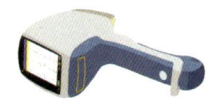

便携式X射线荧光分析仪：用于检测物质中元素的种类和大致含量。
▲

无人机：用于高空拍摄，记录发掘现场的影像资料。
▲

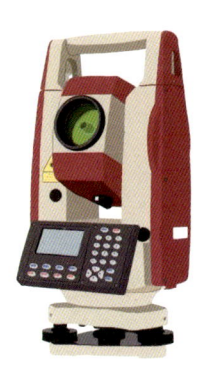

全站型电子测距仪：是一种集光、机、电为一体的高技术测量仪器。
▲

（插画绘图 / 小绿）

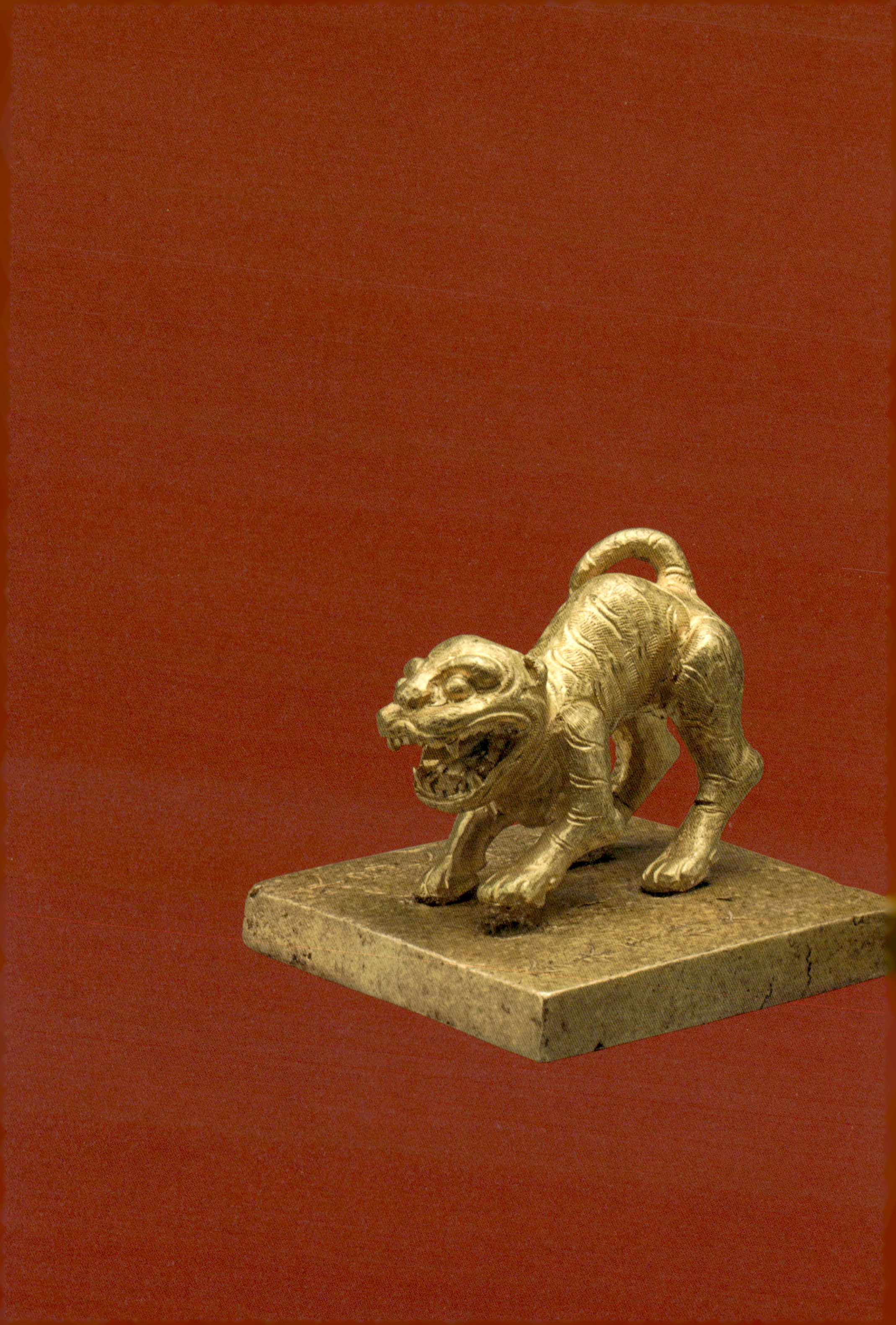

江口沉银 考古手记
JiangKou ChenYin

一件
文物大案
引起的
考古发掘

/ 江口，一座朴实的江边小镇，南下的府河从这向西一拐，与宽广的南河撞了个满怀。五里长街沿河逶迤，而街边的民居却人去楼空，许多人家都在外置业或工作，景况寥落。

/ 这不是我第一次来江口，刚毕业的时候，我就来这进行过考古发掘。转眼已近十年，我不再是初出茅庐的考古新手，而江口也带着沉寂在水中的秘密苏醒。"江口沉银"的传说，零星偶然出现的文物，涉案金额高达3亿元的特大盗掘倒卖文物案，让我们愈发确信：江口之下，必有发现。日益紧迫的文物保护形势，让我们不再迟疑：考古发掘，势在必行。

宝藏初现

江水滔滔，时光也滔滔，转眼到了21世纪，传说中的宝藏开始显露真容。

2005年，彭山县政府实施饮水工程，需要在江口的岷江河道内铺设管道。施工过程中，挖出了一段木鞘，里面装了7枚五十两的银锭。这7枚银锭都是明代的，上面铭刻有湘潭、京山等湖南、湖北的地名。我的同事们对木鞘和银锭进行了考察，这些银锭上的地名尤其引起了他们的注意。湖广地区的银锭出现在四川的江口，是不是与文献记载中的张献忠沉银有关系？可是因为只有这么一例，证据不够充分，后

2005年第一次发现装银锭的木鞘

续工作无法进一步开展,此事便没有了下文。

但在随后的几年里,越来越多的文物被发现。

2011年,当地砂厂在岷江河道内挖砂的过程中发现了大量文物,其中最引人注目的是一枚"西王赏功"金币。张献忠曾自封为"大西王",称帝时的国号也是"大西"。西王很可能是指张献忠本人,而赏功是指金币的用途,是用来封赏有功之臣的。2011年之前,"西王赏功"金币仅有一枚存世,珍藏在上海博物馆。

就在同一年,江口镇又发现了两片金册:一片完整,刻有"大西大顺二年"等字样;一片残缺,上刻"贺廷洲女贺封尔为楚王"。"大西"是张献忠所建政权的国号,"大顺"是年号,由此看来,前一片金册很有可能就是张献忠所造。

金币和金册的发现进一步提示我们,文献中张献忠的沉银事件可能真的发生过,而且就发生在江口。彭山县文物管理所发现"西王赏功"币、金册和其他文物后,迅速上报了四川省文物局。四川省文物

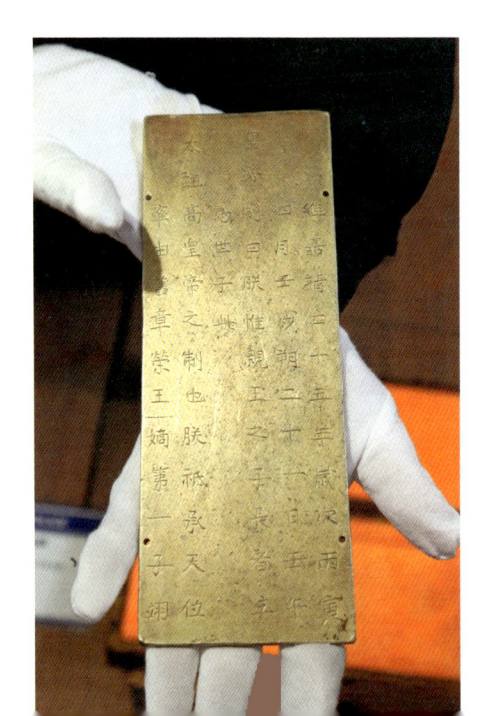

被追回的金册及拓片

局邀请专家对文物进行了现场论证。在这次论证中，专家们对于江口发现文物的真伪以及江口是否为张献忠沉银之地，仍然持不同意见。

意见相左的双方发生了一场争论，争论主要集中在几个方面：一是历史文献中关于张献忠沉银之事的记载不少，但大多相互矛盾，究竟是真实存在还是后人杜撰，存疑。二是历史文献中关于张献忠沉银地点的记载也有很多，几百年过去了，如何能确定就是发生在彭山县的江口镇？三是现场看到的文物，包括银锭、金币和金册都是后来采集到的，并非通过正规的考古发掘出土，无法确认其真实性。

除这些争论以外，当时开展考古发掘的条件也不成熟：岷江水面过大，无法确认文物埋藏的具体位置；文物均在水下发现，需要进行水下考古，而四川没有相关的人员、技术与设备。

因此，当时决定暂缓考古发掘，转而制定文物保护规划，一块文物保护碑在岷江岸边竖立起来。

岷江岸边竖立的文物保护碑

猖獗的 文物盗掘

2010年，江口镇两江交汇处至岷江大桥约两千米长的江面区域被划为文物保护范围，分布面积达100万平方米。让人没想到的是，文物保护区内埋藏的文物让很多人看到了一夜暴富的机会。不法分子开始在保护区内大规模盗掘文物，最多的时候江面上有几十条船在进行盗掘活动。

面对日益猖獗的文物偷盗活动，彭山县文物管理所和公安部门加强了文物巡查，警方采用了江岸喊话、警告，甚至鸣枪等措施，但效果都不明显。文物盗掘者利用熟悉地形、来去便利等优势，在夜幕的掩护下，与文物管理人员和警察展开了游击战：有人来巡查的时候就藏起来，等巡查的人一走，就继续盗掘活动。频繁的盗掘活动、广至100万平方米的保护范围、江水的阻隔都给文物保护工作带来了极大的难度。

为了应对这种情况，2014年5月1日眉山市公安局成立专案组，秘密侦破江口沉银特大盗掘倒卖文物案。案情被逐级上报，先后被四川省公安厅和公安部确立为督办案件。2015年4月眉山警方收网，212名民警组成抓捕行动队，分成8个抓捕组对盗掘团伙骨干展开了同步抓捕，最终打掉犯罪团伙10个，抓获涉案人员70余人。截至2016年4月，总计追缴文物1000余件，其中珍贵文物100件，包括金锭、银锭、金册、银册、"西王赏功"币以及各种金银首饰。

此案追缴的文物，经评估价值超过3亿人民币，仅国家一级文物"永昌大元帅印"就被犯罪分子卖出800万元。这枚金印用黄金制成，边长10.3厘米、印台厚1.6厘米、通高8.6厘米，重3195克。印面用九叠篆文书"永昌大元帅印"六个字，背面左右分别刻"永昌大元帅印"和"癸未年仲冬吉日造"。印钮为一立虎的形象，虎口大张，虎身前

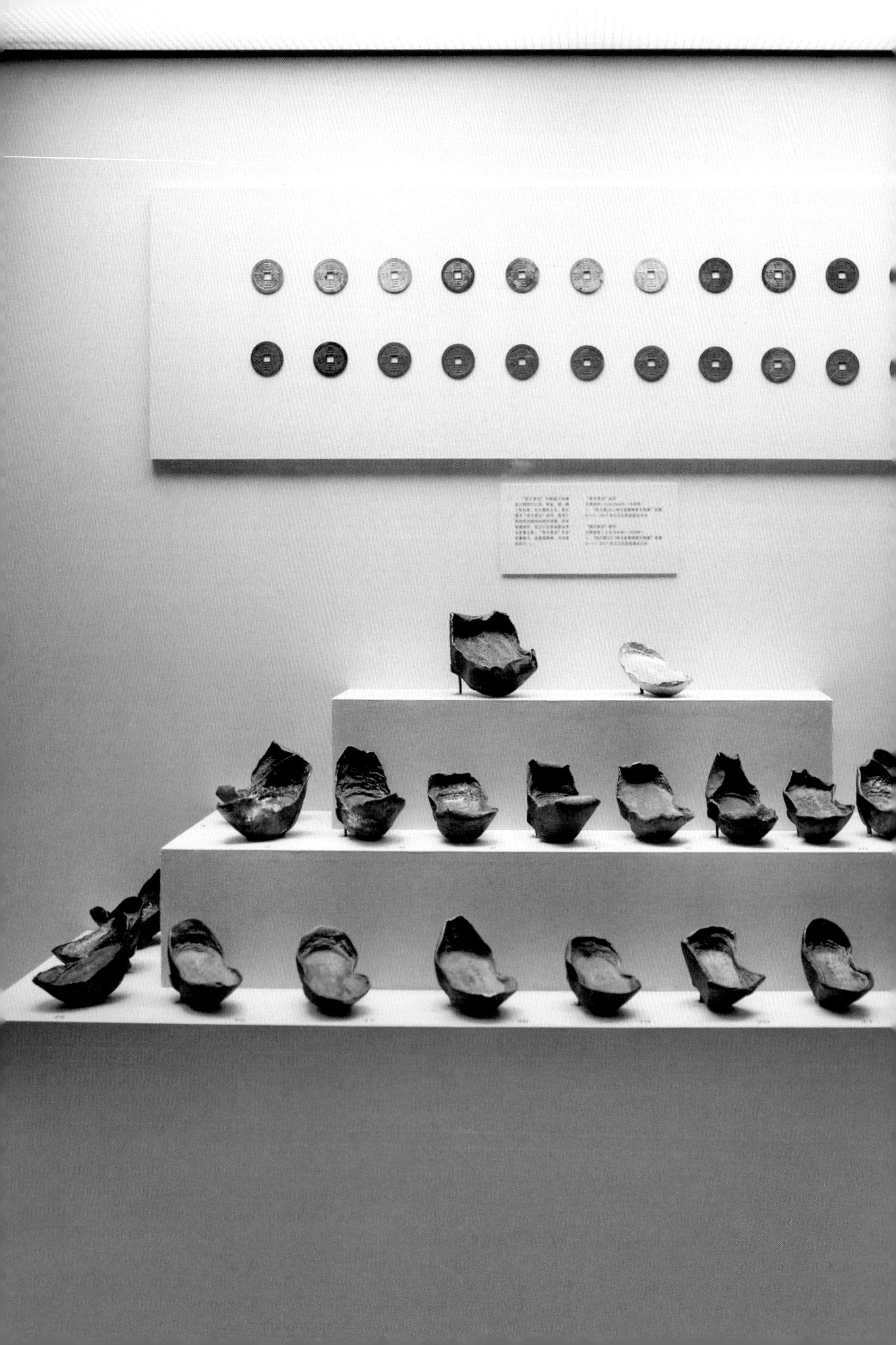

「众志成城 守护文明——全国打击防范文物犯罪成果展」展出江口沉银遗址被盗文物

一件文物大案引起的考古发掘

倾，虎尾向上卷曲，虎身阴刻线纹表现鬃毛和斑纹。据传这枚金印的印钮和印台是2014年清明节时被犯罪分子分两次从岷江中盗出的。

"永昌大元帅印"印面及印背

对文物盗掘者来说，永昌大元帅金印的意义仅在于经济价值；但在考古工作者看来，这枚金印的学术意义更加重要。有学者认为，该印章为张献忠本人于明崇祯十六年（1643）在湖广区域征战期间制作，"永昌大元帅"是他自封的号，表达了他对所建政权"永昌"的期待。也有学者认为，这枚印章是明末另一位义军首领李自成制作后赐给张献忠的，是见证两支义军之间关系的重要物证。不管结论如何，这枚金印身上所蕴含历史信息的重要性毋庸置疑。

抢救性考古发掘启动

2015年10月8日,国庆后上班的第一天,在下班的路上我遇到了当时的领导高大伦先生,他见到我就问:"你听说了没有?江口文物被盗的案子破了,你去彭山现场看看是什么情况。"听到这个地名,我心里咯噔一下,这地方我太熟悉了。2007年,大学毕业后到单位工作的第三天,我就被派到了彭山抢救性发掘了一座宋代的墓葬。那时就听当地的老百姓说起,张献忠有宝藏沉在江口。发掘工作结束后,八年过去了,我再没到过彭山,但"江口沉银"这四个字却一直没有忘记。没想到时隔这么久,还会再到彭山;更没想到,要做的工作就是江口沉银遗址的考古发掘。

彭山正华村宋墓

2015年10月9日，我在彭山的看守所里看到了部分警方追缴回的文物，包括金册、"西王赏功"币、金锭、银锭……这批文物的种类及珍贵程度远远超出了我的想象，认识到如果不及时对江口沉银遗址进行抢救性考古发掘，那极有可能造成更多重要的文物损失。当天我便赶回成都，将基本情况向院领导做了汇报，院领导决定必须将考古发掘提上日程。

2015年12月25日，由四川省文物考古研究院和眉山市彭山区文物管理所共同组织国内顶级专家在彭山召开了彭山江口沉银遗址考古研讨会，邀请的专家包括故宫博物院的李季先生、中国国家博物馆的杨林先生、中国社会科学院考古研究所的王巍先生、国家文物局水下文化遗产保护中心的姜波先生和周春水先生、北京大学的齐东方先生、中国人民大学的毛佩琦先生、四川大学的江玉祥先生、张献忠研究专家袁庭栋先生。我在这次会议上向诸位专家汇报了江口沉银遗址的基

2015年12月25日召开彭山江口沉银遗址考古研讨会

本情况，之后又进行了现场考察并观摩了前期发现的部分文物。专家们经讨论后一致认为：基本可以确定文献中关于江口沉银的记载可信，彭山江口沉银遗址即为历史记载的张献忠沉银中心区域之一。历史上关于张献忠江口沉银的记载很多，社会关注度高、影响大。同时，江口沉银遗址已发生多次盗掘，当前应该进一步加强遗址的保护和管理，严禁采砂，打击盗掘。国家、省、市、区文物部门进一步高度重视，尽快立项，组织人力、筹集经费进行考古发掘。我们必须通过科学扎实的考古工作给历史一个交代，给社会一个交代。

研讨会过后，我们立即着手江口沉银遗址抢救性考古发掘的相关准备工作。由于四川之前并没有开展过水下考古工作，毫无经验可言，相关技术和人才储备也基本等于零。在这样的情况下，当时的国家文物局水下文化遗产保护中心给予了我们巨大的支持，宋建忠主任派出曾经主持过致远舰考古发掘的周春水先生来指导我们开展江口沉银遗址的考古工作。周春水先生既是我的校友，更是我同专业的师兄，他从事水下考古工作多年，经验丰富，为人却极谦逊，考古圈内的人都乐于称他为"水哥"。在"水哥"的帮助下，我们初步拟定了一个考古工作方案。

2016年1月22日，我们带着考古工作方案赴北京向国家文物局领导汇报，宋新潮副局长、唐炜副司长和张磊处长等局领导在听取了我们的汇报后，认为考古发掘的时机已经成熟。从北京回来后，我们正式向国家文物局提出江口沉银遗址的考古发掘申请。2016年4月28日，我们得到了国家文物局同意发掘的正式批复。

从2005年发现银锭和木鞘，到2016年考古发掘申请正式得到批准，已经过去了十余年。几经波折，江口沉银的考古发掘工作终于可以开始了。可是，面对茫茫岷江，我该从哪里开始呢？

江口沉银 考古手记 领队日志

2016年 8 月 10 日　　星期三　　天气晴

　　我在彭山区的看守所里第一次见到了这枚金印的实物。从那个时候起这枚金印的样子就时常萦绕在我的脑海里，关于这枚金印的诸多问题更是一直困扰着我。它是真是伪？到底属于谁？为什么会出现在江口？虽然最后通过研究写出了《关于永昌大元帅印的几点看法》这篇文章，算是给自己满脑子的问号画上了一个句号。但是因为这枚金印是被盗掘出水，丧失了原生的背景信息，更因为没有科学的记录，甚至连真伪都让人怀疑。即便能够证明其为真，但是它的出水位置、埋藏环境和共存器物等信息也再无从知晓，而这些很有可能正是研究者在探索历史过程中所需要的关键证据。对于研究者来说，这是无法弥补的遗憾，对于文物、对于历史来说更是。一件文物再珍贵，如果不是科学考古发掘出土，那么它都不再完整。

　　我大学读的是考古专业，2007年毕业后即入职四川省文物考古研究院。自那个时候开始就经常在野外主持各种各样的考古工作，而这其中多数是因为遗址或墓葬被盗掘而进行的抢救性发掘。在考古工作过程中经常会听到这样的说法，"考古的就是不如盗墓的，盗墓的总是能比考古的抢先一步"。最近几年，在盗墓小说和影视剧的影响下，部分人将盗墓贼吹嘘得神乎其神，甚至被捧上了天。其实"盗墓"这种事真没什么好吹的，更谈不上有多高的技术含量。电影里那种神神道道，念个寻宝诀就能发现古墓的桥段，在现实中是根本不可能存在的。

　　我国文物保护的工作方针是"保护为主，抢救第一"。这就决定了考古队一般不会主动去发掘古代的遗址或者墓葬。现在大多数的情况是盗墓贼把墓葬破坏了，考古队才去进行抢救性发掘。盗掘文物自古有之，而且他们的理由也从来都是为了个人私利。要想从根本上杜绝文物犯罪，只有上下一体，群策群力，重拳打击文物犯罪链条上的各个环节。没有买卖，就没有伤害。

考古君科普
考古发掘分几类？

现阶段国家考古发掘主要分三类。

第一类是主动性发掘。为了解决某种学术问题所做的发掘，比如三星堆遗址的考古发掘。

第二类是配合性考古发掘。当配合修桥、修路、修水库等基本建设项目或配合遗址保护规划、遗址公园建设所做的考古发掘，2021年初西安咸阳机场扩建发现3000余座古墓需要进行发掘，就是这种情况。

第三类是抢救性考古发掘。指遗址或墓葬被盗掘后所进行的发掘，江口沉银遗址的情况就是如此。

《中华人民共和国文物保护法》规定：一切考古发掘工作，必须履行报批手续；从事考古发掘的单位，应当经过国务院文物行政部门批准。地下埋藏的文物，任何单位或者个人不得私自发掘。

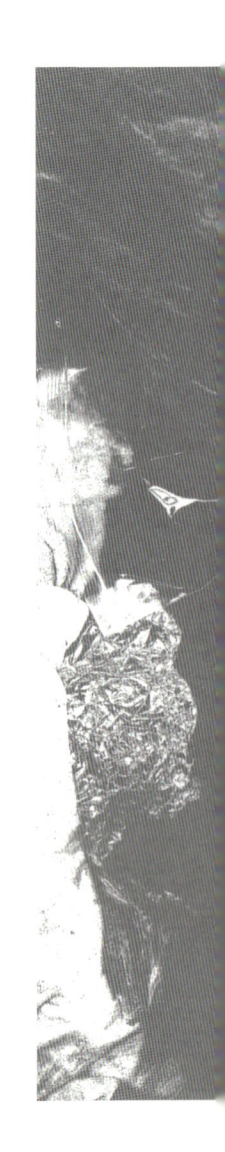

一件文物大案引起的考古发掘

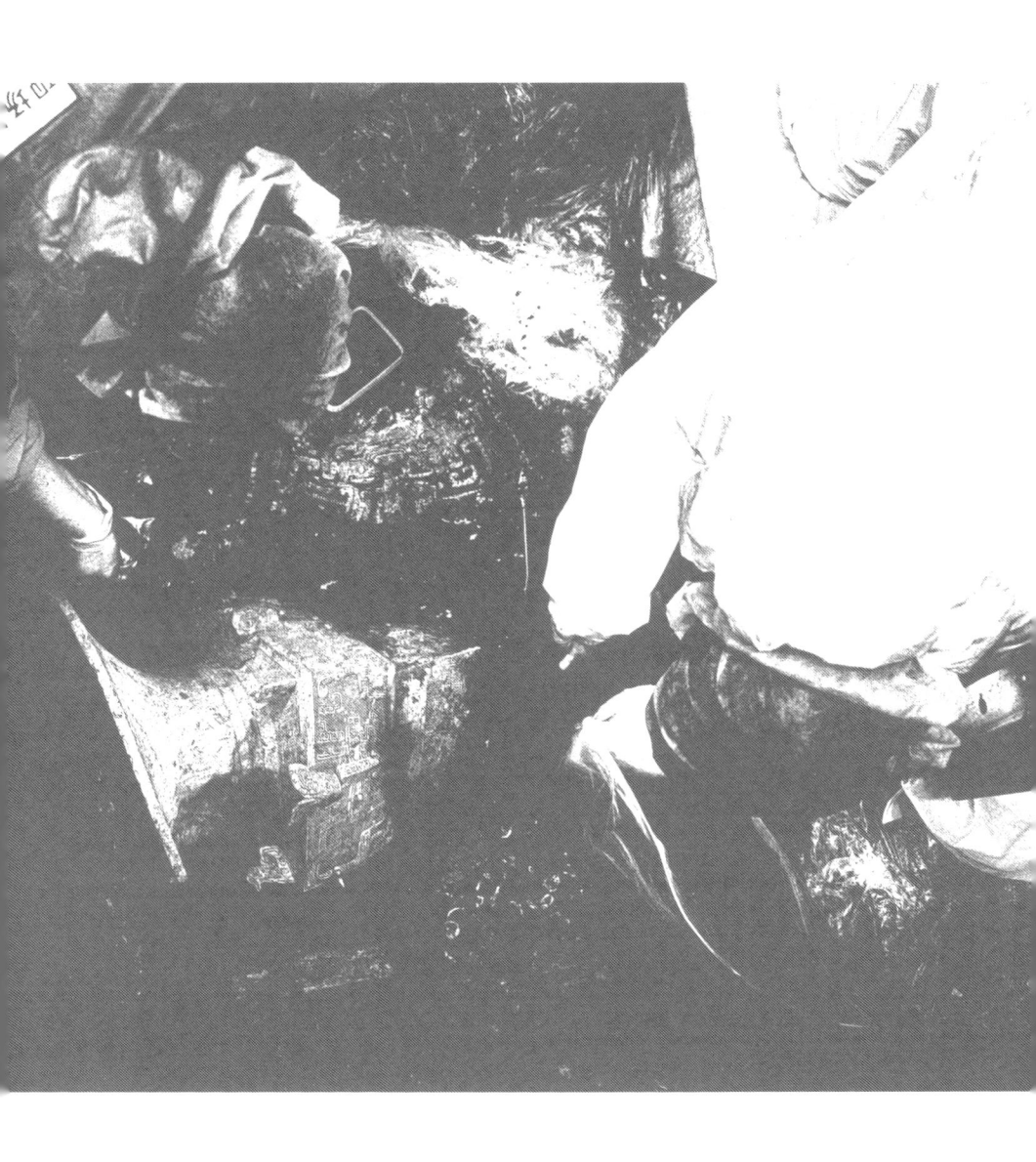

湘鄉縣解糧官
建丁年銀五十兩

江口沉银
JiangKou ChenYin
考古手记

定位

宝藏

/ 去哪里挖，是我们需要在发掘前期解决的关键问题。江口考古发掘是一项巨大却又精细的工程，选错了地点，不仅达不到保护文物的目的，更会让前期投入的人力、物力白白浪费。

/ 与其在历史的迷雾中捕风捉影，不如展开考古调查，逐步搜证，通过推理排查，最终锁定目标。但面对宽广汹涌的岷江，我犯了难：该怎么调查呢？不仅要查阅文献，实地走访，我们也要拿出科学精准的探测数据。于是，一艘小船，载着我们驶向了江水深处。

"考古神器"派不上用场

在得到国家文物局同意江口沉银遗址考古发掘的批复后,我的心里又高兴又忐忑。江口沉银遗址被深埋于滔滔岷江之下,是一种全新类型的古代遗址。在此之前国内并没有开展这类遗址考古发掘的先例,因此完全没有任何经验可供借鉴,可以说江口沉银遗址考古面临的问题是前所未有的。

在所有问题中我们首先要解决的就是:面对五百米宽、数千米长的岷江,发掘地点到底应该选择在哪里呢?

陆地上的考古工作,一般可以通过钻探来确认地下是否存在古代文化遗存,再根据钻探的情况来选择古代文化遗存较为丰富的地点进行考古发掘。钻探所使用的工具一般就是大众所熟知的洛阳铲。洛阳铲据说为河南人李鸭子发明,是盗墓者使用的工具之一,主要用于古墓的探查,后来为考古工作者利用,并加以改良,成为考古工具,被广泛应用于考古勘探工作,因此又名"探铲"。探铲的基本结构与平常的铲子相同,前部为铲头,后部为铲柄。其与常见铲子的不同之处,除了铲柄要比一般的铲子长得多,更主要表现在铲头上的形状不同。平常的铲头是平的,铲刃呈线形,而探铲的铲头是筒状的,铲刃呈弧形。考古工作者主要利用探铲的这一特性,垂直向下戳击地面,利用半圆柱形的铲头将地下的泥土带出。熟练的钻探工人，可以运用探铲将埋在地下十几米深的土壤带出地面。

考古工作者可以通过分析这些被探铲从地下带出土壤的颜色、质地和包含物，来判断地下是否埋藏有古人遗留下来的居址、墓葬、垃圾坑等，进而判断这个地点是否具备考古发掘价值。但张献忠的"沉银"被埋在江底，即便是枯水期的岷江水深也超过了3米，更何况水面之下还有厚达数米的鹅卵石与文物相隔，所以"考古神器"洛阳铲在江口根本派不上用场。

考古发掘前的江口小镇

文献调查

一个成熟的考古工作者是在田野考古工作中不断磨炼成长起来的。田野考古工作之初最重要的工作即田野调查,唯有经过详细的田野调查,才能确定考古发掘地点,并决定之后采取何种方式进行发掘。在实地踏勘之前,考古工作者需要进行文献搜集这一基本工作。通过查阅古代文献和历史考古资料,做出最初的判断,并记录下来,留待实地踏勘时一一验证。

面对新问题,我们采用的解决办法其实和大家日常用的差不多,第一步就是查资料,稍有不同的是我们查阅的资料都是较为专业的历史文献。查阅的结果和基本的情况,相信大家在第一章都看到了,文献记载并没有给我们一个确定的答案。但是,在系统查阅了清代关于张献忠"沉银"事件的记载后,我们仍然有所收获,为我们前期确认工作重点指明了方向。在35部古籍中共40条关于"沉银"的记载,其中30条明确指出：张献忠沉银事件就发生在彭山江口。此外，在清代乾隆初年董邦达绘制的一幅彭山县地图上，可以清楚地看到江口镇位于岷江东岸。将图上岷江、江口镇、彭山县城和龙泉山之间的位置进行对照后，可知乾隆时期彭山江口的地理位置与现今彭山区江口镇的行政区域高度重合。"江口沉银"事件的发生时间为1646年，距乾隆初年董邦达所绘地图之时不过60年左右。因此，可从历史文献材料推断，明末清初彭山江口的分布范围大致不会超出今天江口镇的管辖范围。再结合之前文物的发现情况，很明显我们的工作重点应该放在流经眉山市彭山区江口镇的这段岷江河道内。

宋代李公麟《蜀川胜概图》（局部）

彭山縣

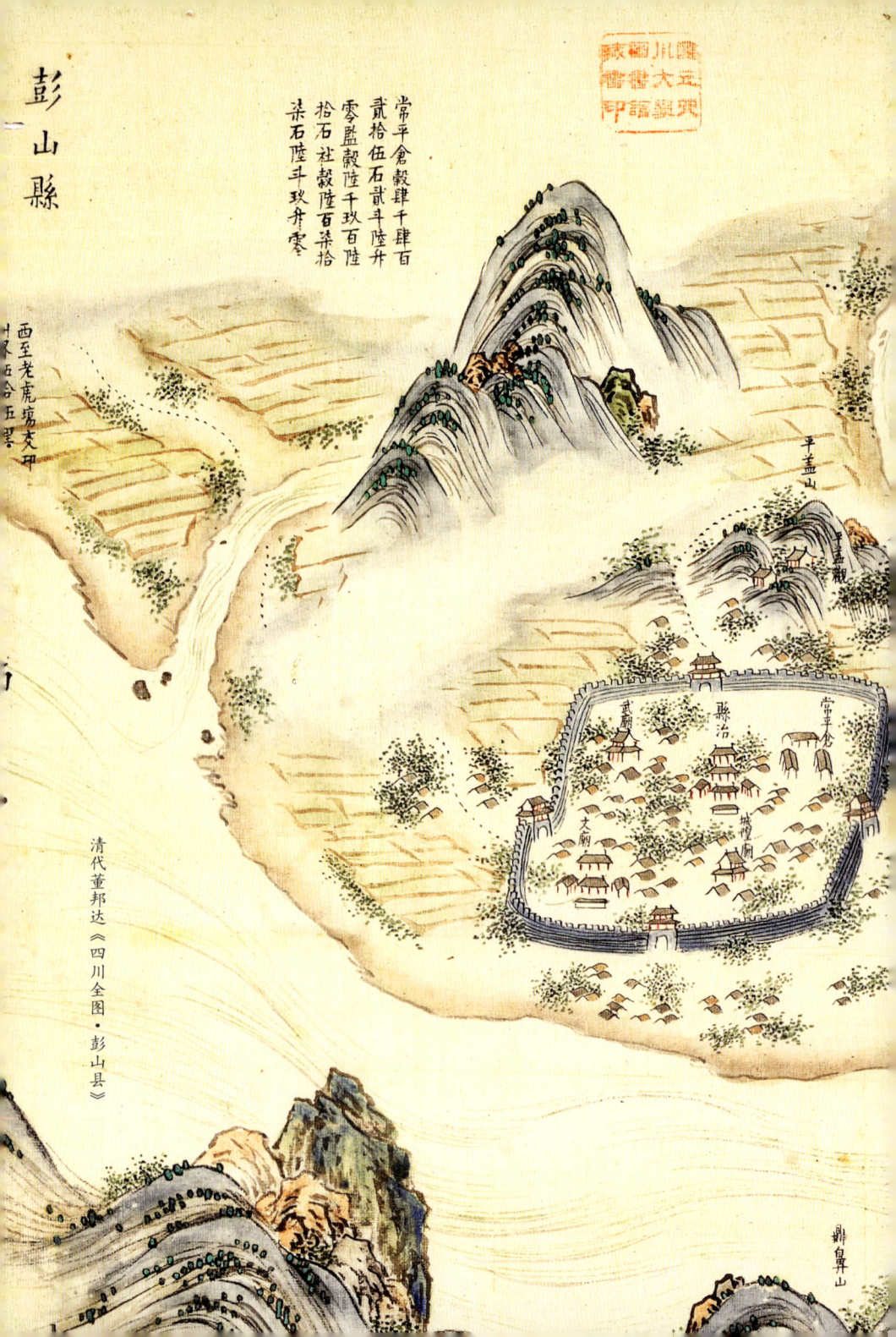

常平倉穀肆千肆百貳拾伍石貳斗陸升零監穀陸千玖百陸拾石社穀陸百柒拾柒石陸斗玖升零

西至老虎塲交界十一十五合五里

清代董邦達《四川全圖·彭山縣》

平蓋山

縣治

鼎鼻山

北

柏木橋塘

北至柏木橋交新津縣界肆拾里

岷峨山

梓潼宮塘

東至黃華場交華陽縣界肆拾伍里

東山

二郎廟

江口水塘

金華山

彭北山

实地调查

实地调查是文献调查后开展的又一项考古调查工作。首先需要向调查地的居民了解附近有什么古迹、出土过什么古物，以及当地相关部门或私人收藏古物的出土地点等有关情况，并制定出相应的调查路线，以备展开详细的实地勘察。开展调查的过程中要采集遗物标本并做好文字、拍照、绘图和测量等相关记录工作，为下一步是否开展考古发掘工作提供科学依据。

我们解决问题的第二步，仍然是大家常用的办法——问人，不同的是我们的问题和对象目标性更强。江口镇，目前的管辖范围包括1个社区和9个行政村。其中位于岷江东岸的有将台社区、石龙村和双江村，这3个村域内的岷江河段长约5千米，是我们实地调查的主要区域。实地调查采用问卷形式，进行入户调查，主要目标是曾经发现过金银器等具有标志性特征文物的地点。我们这次实地调查总计完成调查问卷100份，其中提供有效信息的问卷有74份。调查时以60岁以上的老年男性为主要对象，总计64人。为什么主要是老年男性呢？因为在江口这个地方，大部分女性是外地嫁进来的，本地人很少，并不了解当地以前的情况，年轻人更是如此。只有老年男性对本地情况最为熟悉，张献忠的沉银地点到底在哪里，他们能够提供最有价值的线索。

在江口开展了一个多月的实地调查，再经过对调查问卷中的信息进行整理后，考古队员们梳理出了一些有用的线索，比如：村民们在岷江河道内生产作业的时候都曾经在哪些区域发现过文物？砂厂老板在岷江河道内的哪些区域挖过砂？在挖砂的过程中发现文物的具体地点又在哪里？……当然，我们也走访了之前河道内的工程施工人员和"江口沉银"盗掘案的办案民警，他们也提供了相当有价值的线索。

考古调查问卷

调查访问现场

定位宝藏

通过文献搜集与实地调查，江口沉银遗址在岷江河道内南北向的分布距离被缩短至2千米以内，并且确认了5个重要地点：大码头、望江台、巫店子、大石包和老虎滩。

★ 大码头地点

★ 望江台地点

★ 巫店子地点

岷江河道上确定的五个重要地点

科技探测

实地的走访调查，依靠的是人的记忆，出现偏差的可能性很大。所以，我们仍然需要通过现代科学技术手段来验证之前的调查结果。毕竟发掘地点选择的正确与否，是江口沉银遗址考古工作能否取得成功的关键。

在很多人印象中，考古是一个很"旧"的学科：考察的对象是旧的，往往离现在几百几千年；使用的工具看起来也是很落后的，比如洛阳铲；甚至考古队员给一般人的印象也是老学究式的"旧"人。其实不然，在现代科学体系中，考古学算是一个不折不扣的"新生"，中国考古学从诞生至今也仅刚过百年。在百年的发展历程中科技与考古一直相伴，李济等考古先贤在20世纪二三十年代就已经将现代科学技术应用于河南安阳殷墟的考古发掘之中。科学技术在今天的考古工作中所发挥的作用日益显著，无论是提取考古信息还是保护文化遗产，都少不了科技的助力。多学科、多方向的综合研究已然成为现代考古工作的"标配"，可以说"无科技，不考古"。"科技考古"目前已经成为考古学领域一个相当成熟的分支。

我们在江口所开展的科技考古工作，以探测岷江水底文物埋藏、确认发掘地点为主要目标，联合了电子科技大学周军博士的团队共同进行。周军博士是个典型的理工男，工作起来严谨又拼命，地质

地质探测实验

探测是他的本行，但是探测埋藏在水下的文物对他来说也是全新的课题。为了测试仪器的效果，我们首先在陆地上做实验，将金属埋入地下，然后使用不同的仪器和不同的方法进行探测，看哪些设备和方法的探测效果更好。在经过多次陆地试验确定了探测仪器和探测方法后，我们就满怀信心地开始了水面上的探测工作。

万万没想到的是，水面探测工作一开始就非常不顺利。由于岷江水流很急，用于水面探测的工作船只无法按照规划路线拖曳探测装备，还遭遇了一次惊心动魄的"翻船事件"，还好当时船上的工作人员全部穿了救生衣，算是有惊无险。

水面探测实验

河道横截面

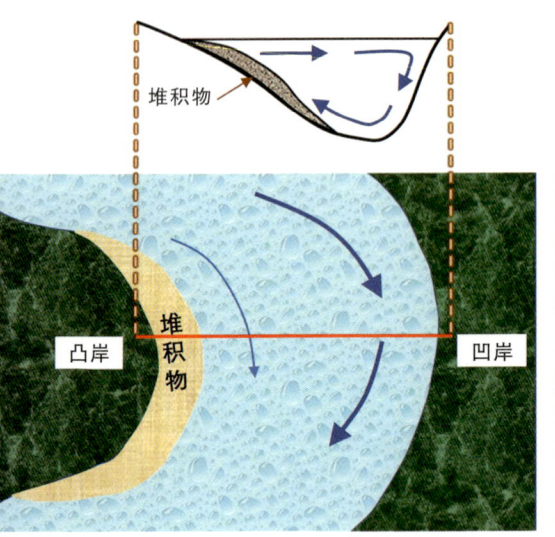

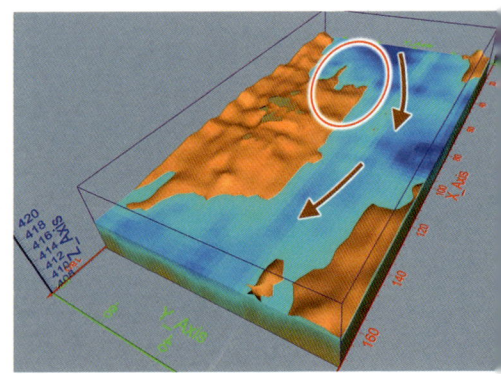

堆积物

凸岸　堆积物　凹岸

基于三维电阻率成像法探测的基岩结构模型

　　在解决了初期遇到的这些困难后，才发现更大的问题还在后面。由于江口沉银遗址的文物受水下环境特征、历史人为扰动和后期洪水搬运等多种因素影响，定位工作具有相当高的复杂性。加之文物本身体积比较小、在水底分布范围广又被深埋于卵石层之下，采用目前已有的探测技术去直接探测文物本体，具有相当大的难度。我和周军博士针对遇到的困难，进行多次讨论后，决定将工作重点由探测文物本体调整为探测文物的有利储集区，即遗址中有利于文物埋藏的区域。经过综合分析，我们认为岷江航道和航道中基岩河床的长倒坡区域更有利于文物的埋藏，而寻找这样的区域可通过探测河床的基岩结构来实现。

因为岷江河道内由上至下分别为淡水层、卵石覆盖层和基岩河床，而三者之间具有不同的电性特征——河道表面的淡水层和最底部的基岩层均呈低电阻率特性，而中间的卵石覆盖层则具有高电阻率特性，从而为电法探测应用提供了有利条件。我们以电法探测为主，辅以探地雷达，对之前通过实地调查有文物埋藏线索的长约2千米的岷江河道，进行了全面探测，相当于给这段河道打了一个"CT"。通过电法探测，我们成功实现了对岷江河床基岩结构的三维建模。同时，利用淡水与卵石覆盖层之间形成的强反射界面，采用探地雷达获取了更高精度的河床起伏特征，对前述河床基岩结构模型进行了修正。通过对上述资料的综合解译，得到了岷江航道位置和河床的基岩结构等重要信息，从而为划定文物有利储集区，进而确定考古发掘地点提供了科学依据。

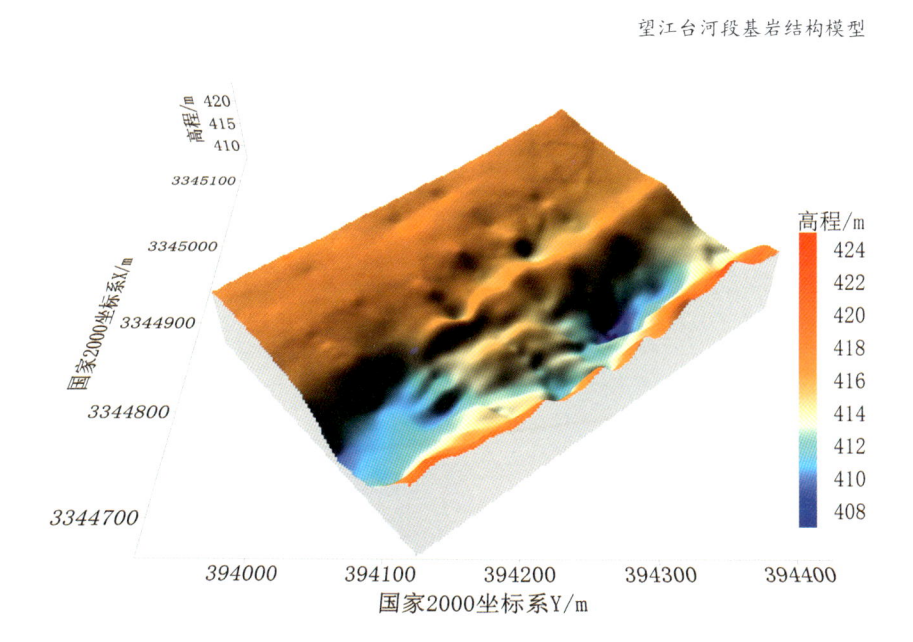

望江台河段基岩结构模型

发掘地点确定

经过前期的实地调查，对调查表中的数据进行综合分析后，我们认为有五个地点存在较大的可能性，但全部发掘的试错方法是行不通的，因为有限的时间和有限的工作经费都不允许我们这么做。况且之前还有民国时期那次失败的发掘工作，发掘地点的选择不容有失。

在通过多种科技手段的水面探测后，我将最终的发掘地点选在了望江台。我选择这个地点，主要有两个理由：第一，望江台地点刚好位于岷江航道的范围内，如果有沉船的存在，那么沉在航道内的可能性一定是最大的；第二，望江台地点的河床比较特殊，顺水流方向逐渐向上抬升，形成了一个逆水流方向的长倒坡结构，从水动力学的角度来考虑，船只沉没后船上货物被江水冲刷到这里，水流变缓，会更容易沉积下来，并被砂石掩埋。

当我把这个地点上报后，受到了多方的质疑，认为这个地点前期曾遭到挖砂和盗掘的双重破坏，不会有什么重要发现。我当时顶住压力，选择相信自己的判断，并向每个质疑的人解释望江台是综合分析实地调查与科技探测数据后得出的最佳地点，最后终于得到了大家的支持，就这样挖哪里的问题终于解决了。可是，一个问题的解决往往意味着另一个问题的开始——我们该怎么挖呢？

2016 年 8 月 15 日　星期一　天气阴

我带领考古队员来到了江口，开始实地考古调查工作。考古调查是一个需要不断磨合的过程，参加调查的考古队员之间需要磨合，考古队员与当地的群众之间也需要磨合。我们发现，因为之前"江口沉银"案的关系，当地的群众对我们完全不信任，生怕说错了什么话，会给自己带来牢狱之灾。只要听到说我们是询问有关"江口沉银"的事情，要么选择闭口不言，要么只会给我们念那首历史悠久的藏宝诀："石龙对石虎，金银万万五。谁人能识破，买尽成都府。"但这种歌谣，只有在武侠小说里才会起到关键作用；有了藏宝诀就能找到宝藏，也只能是存在于影视剧里，而对于真实世界的考古发掘，是没有什么意义的。为了解决这种困境，我们决定在村里住了下来。村里有一座修建于20世纪80年代的汉崖墓博物馆，由于年久失修，已经没有对外开放了，刚好可以作为考古队的临时驻地使用。

2016 年 9 月 4 日　星期日　天气晴

在村里已经住了差不多20天了。在这段时间里我们有意识地和村民尤其是年纪比较大的村民接触，在和他们拉近关系取得他们的信任后，就不断给他们普及考古工作的价值和意义。今天，我们得到了这次调查的第一条有用的信息：村民周长云告诉我们，20世纪20年代就曾在他们家门前发现过被江水冲出来的木鞘。花了这么多天的工夫，终于见到了效果，队员们都很开心。

考古君科普
水下探测方法有哪些？

水下考古经常使用的探测方法大致有三种，可以简称为声、磁、电。

声学探测，是目前水域探测中最为常规的方法，包括多波束声呐、侧扫声呐、合成孔径声呐和浅地层剖面测量等多种技术。其中，前三类探测技术可以统称为声呐法，其方法基础均为回声测深原理。在声呐探测工作中，通过相关设备部件对外发射高频声波信号，并通过分析声学信号的回波特征进而实现对水下出露型遗址空间分布特征的推测。浅地层剖面探测主要采用低频声波信号，因而其信号能够穿透一定深度的埋藏介质，进而获取水下较浅地层的剖面结构特征和较大规模埋藏型遗址的形态特征。但是必须指出，出于水下设备部件安装、规避多次波干扰等方面的需求，声学探测工作对研究区域的水深条件和水下埋藏介质的组成性质有一定要求。因此，声学探测多用于海洋考古，在内水遗址复杂多变的水文地理条件下，声学探测的应用效果会受到一定限制。

磁法探测，是基于探测目标体磁性参数差异的一种地球物理探测方法。在地磁法探测工作中，通常利用磁力仪在水面或水下进行快速扫面观测，进而通过磁异常或磁梯度异常的分布特征对水下目标物进行平面定位。这种方法对于探测近代大型钢铁质沉船或其他较大型含铁磁物质的遗迹具有显著的应用效果，在近年寻找甲午沉舰和鄱阳湖老爷庙的水下考古工作中均发挥了重要作用。

电法探测，是以目标体与周边介质的电阻率差异为物理基础的探测技术。该方法利用电偶极子建立直流电场，通过研究水下半空间传导电流场的分布规律进而获取目标地层或目标遗址的空间分布特征。在水域考古探测工作中，该方法可以被用于水下古环境与基岩结构、水下大型金属类遗迹等多方面的探测工作。

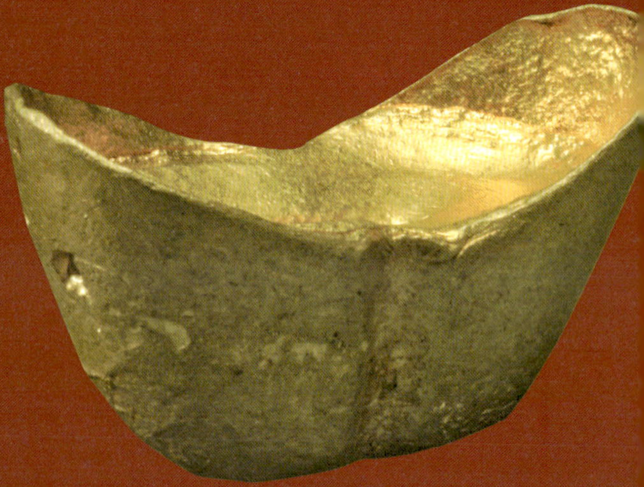

江口沉银
JIANGKOU CHENYIN
考古手记

史无前例 的 围堰考古

/ 要想顺利地开展考古发掘，不仅需要保证安全稳定的外部环境，也要考虑人力、物力成本。我意识到，传统水下考古这一条路大概是行不通了。岷江水底能见度差，纵有再好的潜水技术，我们也无法施展拳脚。那么，能不能像打捞沉船一样，把江底遗址"打包"出水呢？不行，文物分布范围极广，完全不具备可操作性。

/ 山穷水尽之际，一个国内尚无先例的方法进入了我们的视野。截流围堰，让江底变为陆地，我们直接去岷江里面发掘！

潜水考古不管用，整体打捞不现实

江口沉银遗址发掘是四川首次进行的水下考古发掘，水下文物的埋藏情况与陆地相比更为复杂。水下考古要求考古工作者在海洋、湖泊、河流等水下环境开展考古工作，既要学习潜水技术，也要具备水下探测、出水文物保护等多个方面的技能。为了江口的考古发掘，我还去参加了国家文物局在广东阳江举办的第八期水下考古培训班，掌握了潜水技能并系统地学习了水下考古的相关知识。

但是由于江口沉银遗址的特殊埋藏环境，我在水下考古培训班学到的潜水技能并没有派上用场。因为在岷江河道里通过潜水方式开展考古工作存在许多问题：第一是岷江水的能见度很低，潜到河底以后难以辨别周围的环境，几乎全靠手脚四处摸索。我们的考古工作与那些在江底进行盗掘的犯罪分子完全不同，他们只要挖到文物便大功告成，而科学考古还需要进行许多技术性的工作，包括测绘、摄影、三维扫描和文字记录等，以上工作在岷江的水文环境下根本无法正常开展。第二是岷江水流湍急，无法在固定的区域内开展工作，考古操作不便且存在很大的安全隐患。第三是江口沉银遗址的面积很大，江底的文物因为流水的多年冲刷分布得很零散，潜水作业需要在水下逐个地点进行排查，这样的工作方式效率低，也很难达到大规模抢救保护文物的目的。由此，传统潜水考古的方案便被否定了。

我又想到了广东著名的"南海一号"沉船考古发掘。"南海一号"是一艘南宋时期的远洋贸易船，1987年发现于广东南海川山群岛附近。 2007年，在若干次水下调查之后，对"南海一号"沉船采用的考古方法是将船只整体打捞上来，并在阳江的海陵岛上为此专门修建了一座博物馆。船体被整体移到博物馆内，再进行考古发掘。江口沉银遗址的实际情况也不允许我们采用这样的工作方法，因为将超过100万平方米的岷江河床进行整体切割，搬到博物馆里面去进行考古发掘是完全不切实际的。

虽然发掘地点已经选定，但是面对湍急的岷江水，如何开展考古工作，我还是一筹莫展。

柳暗花明又一村

江口沉银遗址的考古发掘既不同于常规在陆地上开展的田野考古，也不同于在环境相对稳定的海洋、湖泊里开展的水下考古。这让我和同事们都深感棘手，在进行方案讨论的过程中，大家想到了2015年底江口沉银遗址考古研讨会上，国家博物馆的杨林先生曾提到国外考古同行在浅水区域进行沉船发掘时，使用过围堰考古的方法。围堰式考古，即先在水中修建围堰，然后把围堰内的水排干，将水下环境转变为陆地环境，再进行发掘。20世纪初，为打捞意大利东南内米湖（Lake Nemi）中传说的两艘罗马时代沉船，墨索里尼将湖水排干，使"沉船"完整暴露于地表。

杨林先生建议："江口沉银遗址的考古发掘可以尝试采用围堰式考古发掘。"同时他也补充道："沉船遗址的发掘一般面积比较小，可以围绕船体修建围堰。江口沉银遗址目前尚无法确认是否有沉船，从已知信息来看，文物基本上是散落在岷江河床上的，这样的情况之前是没有遇到过的。所以具体该怎么修建围堰，能做到什么样的程度，各方面都没有太多的经验。"虽然围堰考古也存在诸多的不确定性，但相比于前面提到的潜水考古和整体打捞两种方法更具有可行性。不同于全然在陆地上开展工作的田野考古和在水下开展工作的水下考古，围堰考古通过截流与排水，使发掘环境由水下转变为陆地，考古队员无须使用潜水设备，能更便捷地开展考古发掘工作。因此在经过一番考量后，我们决定朝着这个方向继续去探索。

考古界无人走过的路

围堰式考古，看似已经找到了特殊埋藏环境下发掘江口沉银遗址的解决方案。想到这样一件在中国考古界从未干过的事情，将会在我们的手下开创并实践，我们既兴奋又倍感压力。围堰考古的方法对于中国考古来说，史无前例。围堰要怎么做？用什么来围？怎么围？为了解决这些问题，作为考古学出身却对水利工程全然无知的我，恶补了大量有关知识。我一方面学习水利工程的专业知识，另一方面多方咨询围堰的具体施工流程。后来在彭山区文物管理所吴天文所长的帮助下，我联系到了曾经在岷江河道内有过围堰施工经验的技术人员，并和他们进行了深入的沟通，请教岷江河道内的围堰该如何修筑。他们听了我的介绍并了解了修围堰所要达到的目的，建议我采用砂石围堰。因为我们要修筑的只是用于考古发掘的临时围堰，不是永久性工程。砂石围堰最经济实用，而且拆除起来也很方便。发掘结束后，汛期来临时，不会影响到防洪、泄洪。

在确定了围堰的方式后，我们邀请了专业的水利工程设计公司来帮助设计围堰工程的实施方案。对于设计修桥、修坝这些水利工程所用围堰的实施方案他们是比较有经验的，但是设计用来考古发掘的围堰对于他们来说也是"头一遭"。我详细地给他们说明了考古发掘的过程以及围堰工程需要在这次考古发掘过程中所要发挥的作用，并带着他们在"望江台"准备围堰区域的周边进行实地勘察。

其实在考古发掘前，考古队员就需要对遗址进行前期调查、测绘与记录。遗址调查是对单个遗址的实地调查，以便考古队员了解遗址的环境特征、景观布局、分布规范、堆积特征、功能结构、文化性质、保存状态等信息，建立遗址档案资料，科学规划发掘工作。通过实地勘查与细致沟通，水利工程设计公司也能更直观地了解江口沉银遗址的面貌和围堰目的，为科学实施围堰工程提供保障。

经过近一个月的反复沟通和实地勘察，围堰工程的实施方案终于设计完成了。上游横向围堰长约117米，下游横向围堰长约132米，河道纵向围堰长约401米，围堰总长度约为650米，围堰内面积约为43200平方米。围堰的高程则参考了彭山水利部门提供的岷江枯水季节五年一遇的最高洪水位，用专业术语来讲就是"五年一遇枯期重现期洪水"，这样的洪水流量为709立方米/秒，相应的洪水位高程为421米。我们修筑围堰的海拔高程只要超出这个洪水位高程，就是相对安全的了。最终我们将围堰的海拔高程确定为422米，比五年一遇枯水期的最高洪水位高了1米。

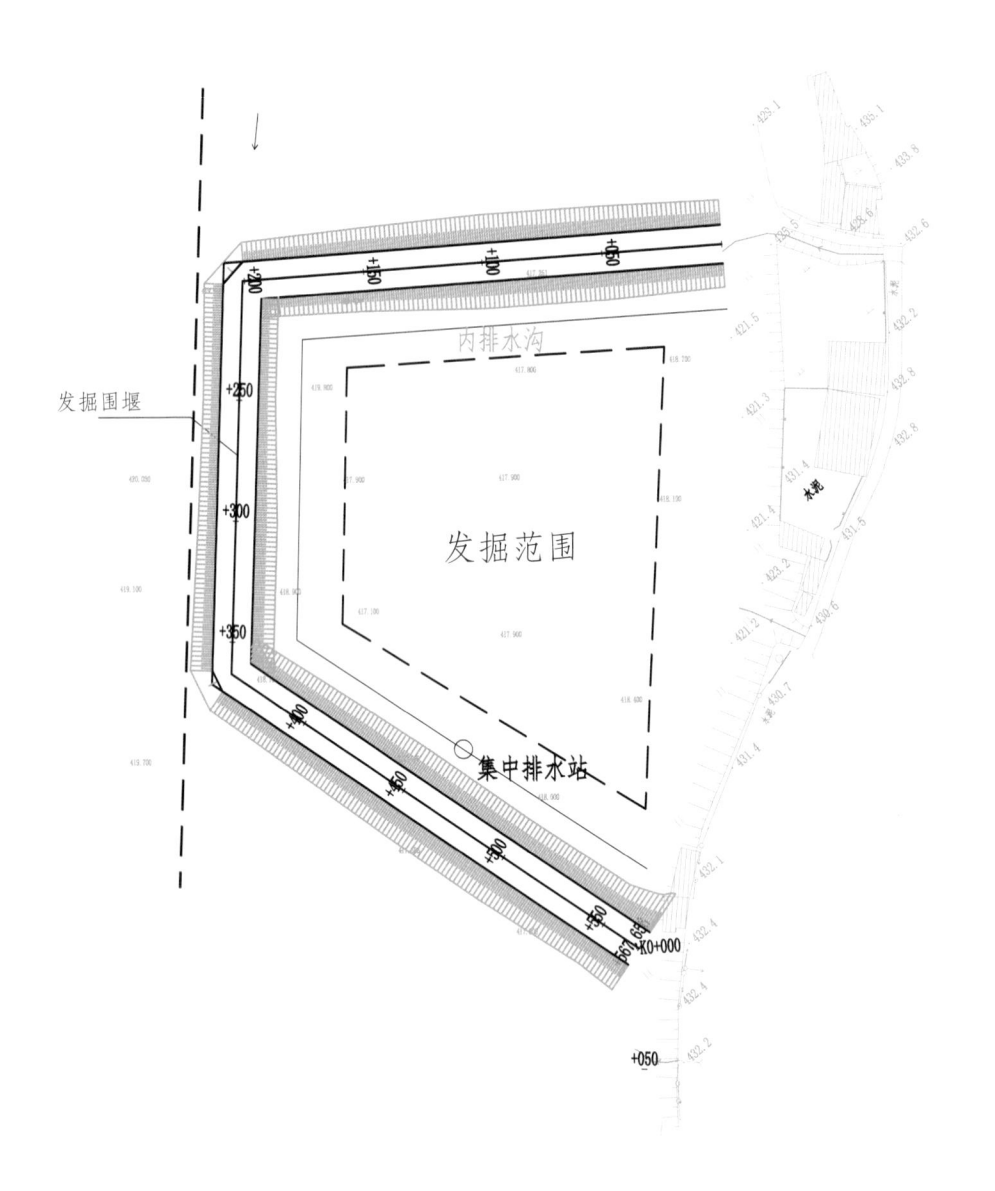

第一期围堰工程实施设计方案

2016年10月11日，我们邀请了成都水利水电勘测设计研究院的罗铭、李自繁和中国电建集团成都勘测设计研究院的李万军三位水利水电工程方面的专家对设计出的围堰工程实施方案进行了评审。三位专家基本认同了这个方案的可行性，但也提醒我们一定要注意岷江上游的水电站尤其是紫坪铺水电站，因为水电站增加发电量会带来下泄流量的增加。在后面的实际工作中，证明了这个提醒至关重要。

因为有了水利专家的提醒，我和院办公室的徐建勋主任在评审会后，专门去拜访了时任紫坪铺水调中心主任的欧阳丽女士。在她的办公室里，我当面汇报了这次考古发掘的具体位置以及围堰工程的实施方案。欧阳丽主任听后，表示会支持考古发掘工作，但是具体使用几台机组发电，要根据具体的用电需求来决定。一般情况下，是两台机组同时发电，如果临时增加发电机组，会及时通知我们。与此同时，我们也给彭山区的河道管理处和砂石管理办公室发去了工作函，征得了管理岷江河道内施工的相关政府部门的同意。

我们通过招标确定了围堰的施工单位。中标单位公示结束后，时间已经来到了2016年的11月7日。现在摆在我们面前最大的问题就是时间紧张。由于岷江的水流量具有季节性变化的特点，在枯水季的时候水深大概只有2米—3米，而在丰水季则会水量暴增，根本无法进行围堰，更别提开展考古工作了。因此，围堰和发掘都只能选择在11月至次年4月岷江的枯水季进行。这就是我们工作的时间节点，每年只有6个月，围堰施工和排水预计需要2个月时间，所以我们的发掘时间只有4个月。如果错过了时间节点，那没办法，就只有放弃这一年度的考古工作了。

围堰与排水

由于时间紧迫，我们要求施工单位必须在12月底之前完成围堰修筑和排水的所有工作。2016年11月25日的清晨，岷江畔宁静的小山村里响起了大型机械的轰鸣声，负责修筑围堰的施工单位进场了，江口沉银遗址的首次考古工作就此拉开了序幕。

当时在江口临时驻地的我和另外两位同事，每天轮流去围堰的施工现场，主要是担心施工方把围堰的位置给弄错了，同时也可以了解围堰的施工进度，以便安排后续的考古工作。我发现其实修筑砂石围堰的技术并不复杂，就是将运来的砂石倒入江里，然后再用大型机械进行碾压。但最开始围堰的施工并不顺利，由于岷江水的流速很快，倒下去的一车车砂石转眼就被冲走了，如果一直这样下去，不仅要消耗大量的原材料，围堰也完全无法按时完工。为此，围堰施工队制定了新的策略，先将体积较大、不易冲走的石块倒入江中，再在上面倾倒体积小的砂石。解决了这个问题之后，围堰也一天天以肉眼可见的速度由岸边向江中不断延伸。因为砂石的防渗和防冲效果都比较差，所以在完成机械碾压的工序后，还要在围堰的迎水面安放一些更大的石块防御江水对围堰本体的冲击，同时要在围堰的本体内部填充黏土进行防渗处理。

围堰施工（一）

经过一个多月的昼夜施工，就在围堰终于接近完成时，一次江水暴涨，差点让刚刚修好的围堰毁于一旦。2016年12月23日的上午，我接到紫坪铺水调中心的通知，因为临近年底，成都的用电量增大，要增加两台发电机组进行发电，随之会带来下泄水量的增大。我当即通知施工单位，当天晚上暂停施工。虽然已经提前有了心理准备，但是却完全没想到水势会来得如此之凶猛。第二天一大早，我刚一走出驻地的门口，就看到江口的文物看护员老赵一边朝我这个方向跑，一边大喊："涨水了！涨水了！"我和老赵一起来到围堰的施工现场，发现才一个晚上，水位就上涨了接近1米，现在的水位距离围堰顶部只剩下不到30厘米了，如果水位继续上涨，围堰很可能被全部冲毁，一个多月的努力和巨大的前期投入也都将付之东流。在战战兢兢的等待中，江水在临近中午时，终于开始慢慢消退，而这次险情也告诉我们，围堰的安全是整个工作的重中之重。因为一旦考古发掘正式开始，洪水威胁的就不仅仅是围堰，更是全体工作人员的生命。为此，我又特意跑去找施工方的负责人协商，提高了围堰迎水面的海拔高程，以确保围堰万无一失。

围堰施工（二）

经过30天的努力，围堰施工基本完成，江水在围堰外绕道而行，只要把围堰内的水抽干，就可以正式开始发掘了。但我们没有想到，砂石做的围堰虽然已经在内部填充了黏土进行防渗，但渗水问题依然严重。江水的渗透、地下水的渗出和附近居民排出的污水在围堰内汇集，无论怎样抽水都无法彻底排干。

经过仔细观察和研究，我们发现水抽不干的原因很可能是因为围堰的面积过大，且围堰内的河床表面高低不平，导致围堰内水流的方向不一致，无法完全汇流至抽排点。于是我们在围堰的内侧挖出了一条环形的排水渠，并顺着主围堰的走势修建了一道堰，这样既防止了江水的直接渗入，又可以将居民排出的污水拦截在围堰之外。我们在围堰南北两侧各设置了一个抽排点，使用10台大型水泵24小时不停作业，一个星期后，终于将围堰内的水基本抽干了。

从围堰里抽排水

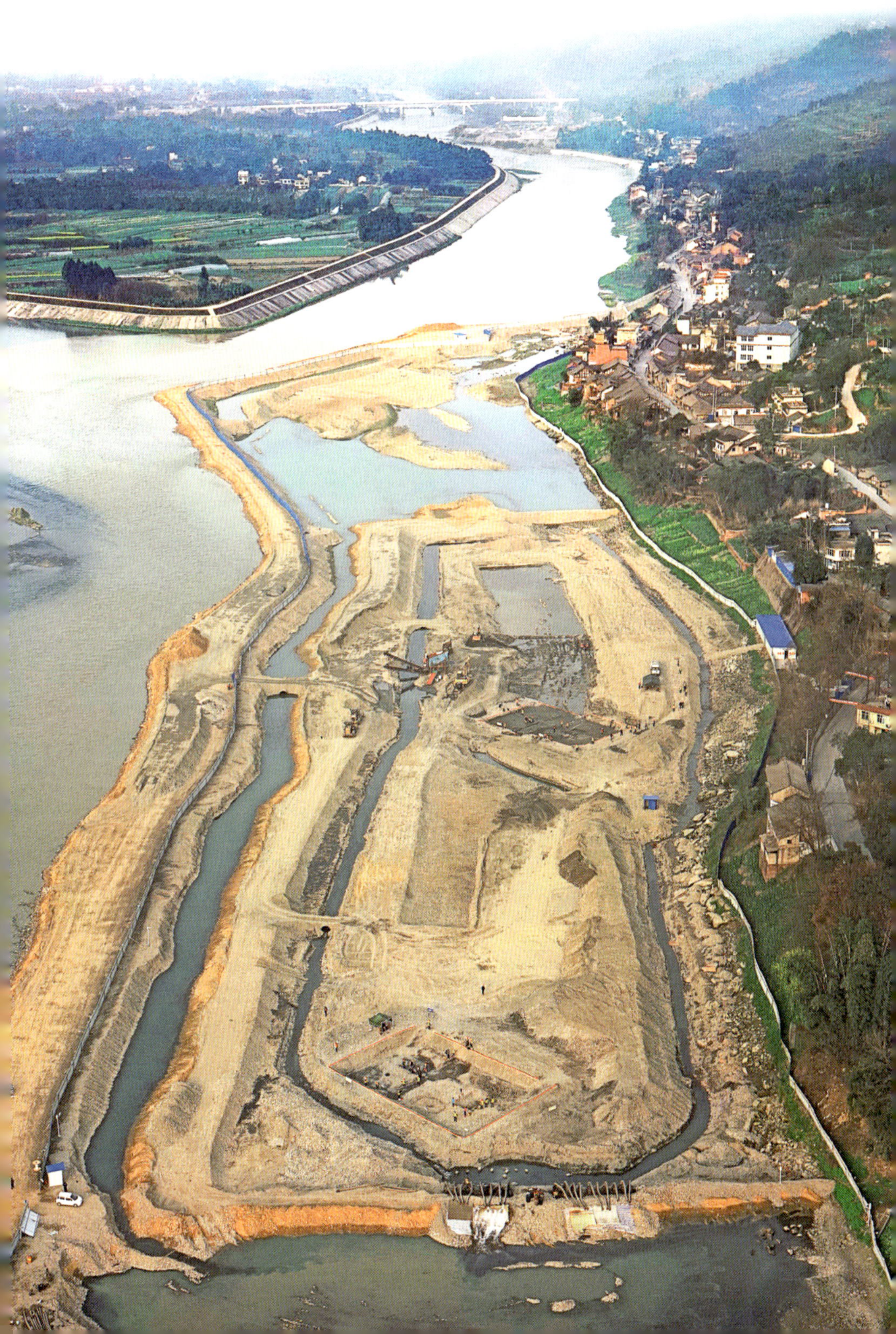

创新的"水下探方法"

围堰内的水抽干了，遗址的埋藏环境已经从水下变成了陆地，具备了进行考古发掘的条件。用什么样的方法来发掘，又是摆在我面前的一道难题。经过发掘团队的多次讨论后，最后根据遗址的埋藏介质主要为砂石这一特性，决定采用传统的探方发掘法并结合现代的记录手段来进行。

探方是田野发掘的基本工作单位，根据文化堆积的实际状况，可布设1米×1米、5米×5米和10米×10米等规格的探方。探方的大小，依据古遗址的性质和堆积的厚度而定。每个探方的东部和北部保留1米宽的"隔梁"，既便于考古队员行走，更保留了重要的"关键柱"，使考古队员能直观地观察到不同地层堆积的变化状况。探方法常用于发掘整片遗址，这样做的好处是可以控制发掘进度，也方便记录出土文物的坐标。在考古发掘现场，你会经常看到考古队员拿着手铲在"隔梁"和"关键柱"上划上很多条线，那就是他们在区分地层，判断堆积早晚。通俗来讲，他们正在思考自己到底挖到了哪一个年代或时期的遗存。

虽然我们这次发掘采用了探方法，但是记录手段与传统的探方发掘记录法稍有不同。传统的记录方法会标注一件文物的出土位置距离探方的西壁有多远、南壁有多远，距离地面有多深。由于我们这次发掘是在岷江河道中，埋藏介质都是砂石，没有

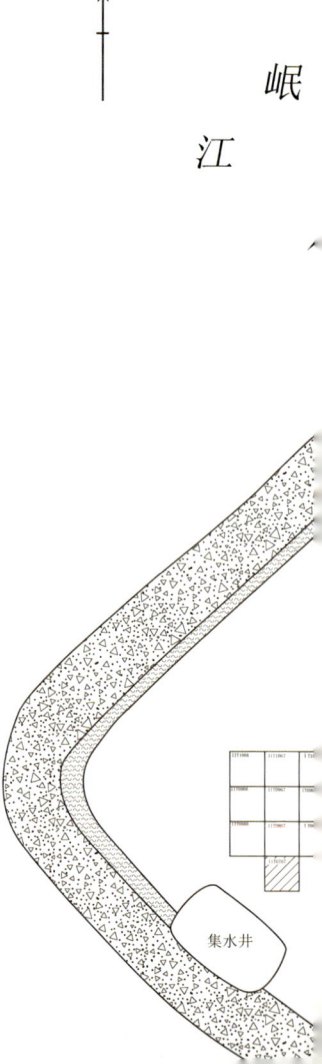

第一期发掘区探方分布平面图

图例	
▨	围堰
▨	截流排水沟
▨	IIT0767

0 10 20m

办法保留探方壁，也就无法按照这样的方式来进行记录。为了能够科学地记录文物的出水位置，我们首先以2000国家大地坐标系（即CGCS2000）为基准对整个遗址进行了系统测绘。2000国家大地坐标系是我国当前最新的国家大地坐标系，于2018年7月1日起全面统一使用。该坐标系通过分布于中国各地的多个GPS基准站、天文大地网与空间地网联合平差建立，被广泛运用于水利、地矿、林业等行业工程的测绘之中。随后我们将整个遗址划分成四个大的区域，然后再将每个区域划分成10米×10米的方格，整个遗址就这样一共被划分成了11469个探方。针对探方出水的每件文物，使用RTK进行测量，使用经纬度和海拔高程来标定文物出水的具体位置，也可以将RTK的测量数据导入卫星图，直观呈现文物在遗址内的分布情况。

RTK测量现场

科学记录文物出水位置的问题解决了，那在清理覆盖于文物之上的砂石层时该用什么样的方式呢？一般陆地上的田野考古，都是要按照文化层来进行的，从晚到早逐层揭露。文化层即人类活动形成的地层，在土质、土色与包含物等方面与自然形成的地层有很大差别。因此，在陆地上的田野考古，考古队员会在文化层发现古代人类留下的遗存，比如陶片、房址、灰坑。但是我们这次发掘的地点在岷江河道内，不存在因人类活动所形成的文化层，全部是因水流搬运而形成的自然堆积，这样我们就没有办法按照文化层来发掘。经发掘团队讨论后，我们决定按照水平层位，以50厘米为一层向下发掘，但到底应该用传统的人工发掘，还是采用现代机械发掘？剩余的发掘时间仅仅4个月，围堰内可供发掘的面积高达10000平方米。况且还不仅仅是发掘面积大的问题，根据我们前期向彭山水利部门所了解到的情况，河床表面和河底基岩之间砂石覆盖层的厚度可达5米—8米，因此本次发掘的工程量可以说是非常浩大。那这样大规模的考古发掘要怎样在有限的时间内完成呢？

　　当时我们就算了一笔账，如果按照传统考古的工作方法，对覆盖层全部采用人工发掘，要想在4个月的时间内完成既定的发掘面积，初步估算每天需要雇用至少2000个工人，按照一个工人一天120元的工资来计算，光人工费就要花接近3000万，这是考古队根本就不可能承受的费用，因此完全采用人工发掘的方法是行不通的。而使用机械发掘是考古工作的大忌，因为考古发掘具有不可逆的特点，一经破坏，原始的信息将不复存在，受损的文物也难以修补。因此，考古发掘要求全面周详的工作流程和细致谨慎的工作方法。机械发掘虽然比人工发掘效率高，却极易损坏发掘现场，破坏出土文物，遗漏重要信息。但由于基本建设考古任务压力大、发掘财力紧张等原因，机械考古的现象并不罕见。国家文物局2020年曾通报某地考古所在某遗址考古发掘过程中，擅自动用大型机械挖掘导致文物受损，影响极为恶劣。但为了能够完成最终的发掘任务，我们冒险提出了人工和机械相结合的发掘方法。

为了保险起见，我们先在发掘区的中部和南部进行了两次试掘，发现砂卵石覆盖层深度在2米以内的堆积，几乎不包含什么文物遗存。试掘的结果给了我们信心，深度在2米以内的砂卵石覆盖层可以放心大胆地使用机械把它清理掉。此外，江口沉银遗址与一般的遗址也不太一样，一般的遗址不仅有遗物，还可能包含墓葬、灰坑、水井、道路等遗迹，但是江口沉银遗址没有这些遗迹，完全是遗物的堆积，因此

可以支撑我们采用这样的一种发掘方式，而不必担心对历史遗迹造成破坏。虽然厚度在2米以内的砂卵石覆盖层中埋藏有文物的概率并不高，但为了最大限度地防止文物流失，我们在围堰的南北两侧分别设立了文物筛选区，在筛选区内安装了经过改装后符合考古工作要求的大型筛选设备，所有机械发掘出来的砂卵石，都要经过清洗、粗分、细分和拣选四道严格的筛选程序，并在关键位置安排人工监督排查。通过机械和人工的双重保障，既有效地避免了文物的遗漏，又大大地提高了工作效率。

望江台河段考古发掘现场

2016年 11月 13日　　星期日　　天气 阴

　　围堰施工单位的负责人再一次找到了我，我知道他来找我的目的只有一个，就是让我确定围堰的地点。他之前已经来找过我几次，因为心里没底，我都说还要再考虑一下。但这次他对我说，如果再不给他指定围堰的区域，那他无法在规定的时间内完成施工。我心里默默算了一下，确实是这样的。按照围堰设计的工程量，施工的时间至少要40天，我们要求他在12月31日之前必须交付围堰，他那边的工程人员和机械的前期准备怎么也得一个星期，今天确实是最后的时间节点了。

　　虽然之前做了很多准备工作，调查也好、探测也好，但当真的要下决定的时候，才发现确实太难了。因为一旦指定了围堰地点，就意味着前期施工的开始，意味着大量资金的投入。如果最后地点选择错误，就会造成国有资产的严重浪费。但时间已经不允许我再继续做准备工作了，因为每年的发掘窗口只有岷江枯水期的四个月，如果明年的1月份之前，考古队无法进入现场开展发掘工作，那即便是地点选择正确，也没有充分的发掘时间了。

　　我知道不能再优豫了，作为最熟悉情况的一线负责人，没有人比我更合适下这个决定，也没人能够替我下这个决定。我带着测绘人员一起，根据之前调查和探测的结果，给了他围堰区域的地理坐标，在拿到坐标后，他头也不回地走了。

考古君科普
围堰是什么？

围堰是水利工程在施工过程中常用的一种辅助措施，其修建目的是确保施工现场干燥。根据施工使用的材料不同，常见的围堰方式包括砂石围堰、混凝土围堰和钢板桩围堰等。砂石围堰使用的材料为砂石和黏土，施工简单，拆除方便，是工程造价较低的围堰方法，但其抗冲击性能和防渗效果均较差。在修建围堰的过程中，需要在迎水面铺设混凝土或者大块石防冲，在堰体中加黏土防渗。砂石围堰一般用于临时性工程。混凝土围堰使用混凝土进行浇筑，具有良好的抗冲击和防渗性能，但拆除困难，造价也较高。混凝土围堰一般用于永久性工程。钢板桩围堰由钢结构的主格体和联弧段构成，通过定位安装，将二者连接成一个封闭的空间，然后将石块、砂石等材料填入其中，最后形成围堰。这种方法具有施工快、规模小等特点，但通常只适用于规模不大的工程且修建在黏土、泥沙等较松软的地层中。

考古工作中具体采用哪种围堰方法，要结合工作经费、发掘面积以及发掘地点的地质结构等多种因素进行综合考虑。同时要根据工作的时间跨度，来计算围堰的挡水流量和确定所建围堰坝体的海拔高程。

大順通寶

江口沉银
JiangKou ChenYin
考古手记

从传说到实证：

考古发掘张献忠沉宝

/ 开挖！所有的队员都在期待着这一刻。但真正走进发掘现场，迎接我们的却是数不尽的砂，没有一点沉银的蛛丝马迹。我们如鲠在喉：截住滔滔岷江，邀来四方媒体，最后却什么都没发现，岂不是闹了一个天大的笑话？终于，一个月后，一抹不寻常的深灰色出现在漫漫的砖红色砂岩中——一枚五十两的银锭！

/ 接着，先是一件一件，后来是一堆一堆……来自三百多年前的金、银、铜、铁等多种材质的器物出现在我们面前。此后，我们发现了"西王赏功"金币、"大顺通宝"铜币，还有国内首次发现的明代藩王世子金印！在我们的发掘和研究中，原本是野史奇闻的"江口沉银"，成为确凿无疑的历史往事。

考古掀开江口**神秘面纱**

2017年1月5日，是江口沉银遗址正式开始考古发掘的日子。当天下午，彭山区委宣传部组织召开了考古发掘启动通报会，来到现场的媒体包括新华社、中央广播电视总台、人民日报、光明日报和四川日报等，总计超过了30家，可见这次考古发掘引人关注的程度。考古工作宣传的惯例，一般是在发掘结束之后再邀请新闻媒体集中报道。在发掘之前就邀请媒体来报道，我们也算是开了一次先河。这样做的目的是希望与媒体共同协作，按照考古发掘的节奏分阶段报道，这样既不影响正常的考古工作，也能达到集中宣传的效果。果不其然，当天下午直到晚上关于江口沉银遗址考古发掘启动的新闻就铺天盖地地来了。宣传的效果是达到了，但是无形中也让我们感受到了承担这次考古发掘任务的巨大压力。

发掘启动通报会结束后，我立即返回考古现场。我的同事李飞和李瑞佳已经按照既定的工作方法，完成了探方的布设，并开始指挥挖掘机按照水平层位揭取表面的砂石覆盖层。刚开始发掘的时候，大家都特别兴奋，因为之前一个多月的时间里都是在修筑围堰，那主要是施工队的工作，与考古队没多大关系，这让队员们觉得无用武之地。现在终于轮到我们上场了，看得出来大家肚子里都憋着一股劲

2017年考古发掘启动通报会

儿，但是在真正进入现场开始发掘之后，才发现工作更加枯燥，因为每天的主要任务都是挖砂。虽然时间在一天天地过去，眼前除了砂就还是砂。

  在整个考古队伍里，最焦虑的是作为领队的我。为了江口沉银遗址的发掘，我所在的单位四川省文物考古研究院耗费了巨大的人力、物力和财力；国内各高校、科研机构等多方也向我们伸出援手，提供了智力和技术上的支持；考古学界为江口沉银遗址的发掘出谋划策已久，都热切地关注着发掘现场；热爱文物事业的公众也对这一次考古发掘充满了期待；作为考古一线的负责人，我深深地感受到身上担子的重量。虽然单位的领导一直在安慰我说：最后即便只挖到了一枚铜钱、一支发簪或者一个小银锭，那也算成功。但那段时间里，我内心的焦虑有增无减，甚至产生了自我怀疑，怀疑自己是不是选错了发掘地点。

其实不光我一个人如此，我发现队员们身上的那股兴奋劲儿过了之后，也渐渐地都打不起精神了。于是每周开工作例会的时候，我都要不断地强调考古不是挖宝，而是一项科学工作。不仅要研究考古发掘出水的精美文物，更要研究残存的人骨、破碎的陶片、废弃的窑址、碳化的植物种子等各类古代遗存，同时使用科学手段提取潜在的信息，从而达到重建历史、了解过去的目的。我们在江口发掘的目的不仅是要寻找张献忠的宝藏，而且是要破解历史谜团，以此来鼓励大

家与时间赛跑，争分夺秒地进行考古发掘。

通过大家不懈的努力和坚持，采用人工与机械结合的方法，我们发掘的区域也终于穿过了卵石层到达了江底的红砂岩层。

2017年的2月5日，注定会永远地留存在我的记忆里。这一天的上午，一枚五十两银锭经科学发掘出水了。我至今仍清楚地记得，这枚银锭的表面上錾刻了"银五十两，匠张道"七个字，巧合的是这一天也刚好是我们正式启动发掘后的整整一个月。发现了这枚银锭之后，

红砂岩层的河床

"银五十两，匠张道"银锭出水

成堆的银锭出水现场

我内心的焦虑终于有所缓解，那天的晚饭吃得格外香。

从那天以后，文物的出水就再也没有间断过。文物也不再是一件一件地被发现，而是一排一排、一堆一堆和一窝一窝地出现，多的时候一天有几百件出水，少的时候一天也有几十件。金银材质的文物大多发现在红砂岩的河床上，沿着河床被流水冲刷出的沟壑分布。如果天气好，当覆盖在上面的砂石层被揭掉后，甚至可以看到这些三百多年前的文物身上折射出令人炫目的贵金属光芒。

遗址内虽然已发掘出不少文物，但这些文物大多是一些银锭、首饰和铜钱。从部分带有文字的文物来看，它们大多属于明朝的藩王府或者官府。发现的这些文物是否为张献忠的沉银，我们无法判定。还好这个问题并没有困扰我们太久，几天后遗址内就发现了"西王赏功"金银币以及刻有大西政权年号的银锭。

"西王赏功"币历来为中国钱币界的珍品，文献记载说此钱有"金、银、铜三品"，金币更是珍品中的珍品，之前仅上海博物馆藏有一枚传世。本次发掘出水的这类钱币，不管是金质还是银质，正面都铸有"西王赏功"四字。其中"西王"二字，正是张献忠对自己的封号。与"西王赏功"币一同出水的还有锭面錾刻有"大顺二年"字样的银锭，而"大顺"正是张献忠在成都建立大西国后所使用的年号。这些确定无疑属于张献忠的文物，在考古发掘中均是首次发现，流传了三百多年的江口沉银传说，算是真正揭开了神秘面纱。

"大顺二年"银锭及拓片

创新的发掘方法得到认可

　　江口沉银遗址的考古工作因为受限于埋藏环境和紧迫的时间，不得不采取机械与人工发掘相结合的工作方法，但这与传统精细化的考古发掘多少是有些不同的。我们虽然通过自己的摸索和努力，成功开创了中国围堰式考古的先河；也通过科学的探测工作，准确判断出文物的埋藏区域。但在我们看来，这种创新其实更像是一把双刃剑，有可能被认可，也有可能被否定。能否被业内认可，队员们尤其是我，心中忐忑不安。虽然这种方法是在现有条件下我们所能想到的最好的发掘办法，但由于尚未得到业内的认可，所以发掘工作只能谨慎地进行。

　　2017年2月17日，国家文物局宋新潮副局长来到了江口沉银遗址。经现场考察并听取工作情况汇报后，宋局长不但认可了围堰考古发掘的新方式，而且肯定了江口考古的管理理念及工作规划，并高度评价道："江口沉银遗址的发掘是一次成绩斐然的考古工作。"

　　一个月后的3月17日，江口沉银遗址学术研讨会在彭山召开。李伯谦、王巍等国内顶级考古专家和全国考古所的所长们云集江口沉银遗址。30多位考古学家经过现场考察后认为："江口沉银遗址考古发掘工作方法科学有效，

江口沉银遗址学术研讨会专家考察现场

从传说到实证：考古发掘张献忠沉宝

出水文物来源地域广泛，内涵非常丰富，涉及明代社会的政治、经济、历史、文化和军事等多个方面，是考古资料对明代社会最为全面的一次反映，对研究明末清初的历史格局具有重要意义。"

中国考古学会理事长王巍先生认为："江口沉银遗址是一次特殊的考古发掘，前所未有，场面宏大，方法独特，工作精细，管理到位，收获丰硕，意义重要。"

北京大学考古文博学院的李水城先生评价道："江口沉银遗址的发掘在中国考古学发展史上涂下了浓墨重彩的一笔，具有重要的历史意义。开创了考古学的新类型，规模宏大，难度重重，但通过几个月的工作，证实方法得当，新颖实用。特别是多学科协作的方法和手段体现了新时期的考古新风貌，具有示范效应。"

国家文物局水下文化遗产保护中心的姜波先生认为："江口沉银遗址考古发掘取得了超乎预期的成果，出水金册、金印、银锭、'西王赏功'金银币等，确认遗址为著名的张献忠'江口沉银'地，为解读'张献忠入川'和'江口沉银'等重大历史事件提供了重要的考古实物资料，堪称明清时期考古的一项重大发现。江口沉银遗址考古发掘符合规范，采用了多种自然科学手段，记录翔实，体现了较高的田野操作水平。"

国家文物局领导的认可、权威专家的好评，给我和我的队员们吃下了定心丸，这样的考古工作方法完全没有问题。彻底放开手脚后，发掘工作全速推进，我们对在规定时间内完成发掘任务，充满了信心。

举世瞩目的考古发掘

2017年3月20日和4月13日，四川省人民政府新闻办公室在彭山举行了两次新闻通气会，分阶段向新闻媒体发布了备受社会关注的江口沉银遗址的考古发掘工作成果。这两次通气会，让彭山江口成为世界瞩目的焦点。

我们经过3个多月的考古发掘，于4月12日正式结束了江口沉银遗址的首次考古工作，发掘面积10000平方米，出水各类文物30000余件，实证了"张献忠江口沉银"的传说。这次发掘出水的文物种类以金银铜铁等金属材质的器物为主，包括属于张献忠大西国册封妃嫔的金册，"西王赏功"金币、银币和"大顺通宝"铜币，铭刻大西国国号的银锭等，此外还有属于明代藩王府的金银册以及戒指、耳环、发簪等各类金银首饰，另还有铜锁、钥匙、秤砣、顶针等生活用具，种类丰富多彩。部分银锭、金银册等文物上详细记录其年代、地域等信息。从时代上看，自明代中期延续至明代晚期；从地域上看，这些文物的来源北至河南，南至两广，西到四川，东到江西，范围包括了明代的大半个中国。本次发掘出水文物的数量多、等级高、种类丰富，是明代中晚期政治、经济、军事和社会生活等方面最直接的展示，对研究明代的政治史、经济史和军事史等具有重要的意义。可以说，江口沉银遗址的首次发掘取得了巨大的成功。

2018年4月9日至10日，2017年度"全国十大考古新发现"终评会在京召开，入围终评的26个项目进行了为期一天半的演示汇报。4月10日下午，评委会经过评议和无记名投票，选出了2017年度"全国十大考古新发现"，江口沉银遗址成功入选。四川大学历史文化学院院长霍巍先生作为点评专家，认为江口沉银遗址考古发掘项目能够入选"全国十大考古新发现"的理由是："该项目为目前国内规模最大的内水考古项目。发掘过程中运用了大量新方法和新技术。针对遗址处于岷江河道内的实际情况，通过围堰解决发掘平台，为今后滩涂考古、浅水埋藏遗址的发掘提供了工作范式和经验借鉴。此外，本次发掘面向社会公开招募志愿者，参与发掘全过程，这在全国尚属首次，在公众与考古之间搭建了桥梁。"

2018年，经国家文物局批准，我们对江口沉银遗址进行了第二次考古发掘。由于找不到用于修筑围堰的砂石，本年度围堰施工开始的时间比上一个年度足足推迟了一个月，也导致了考古发掘直到当年的1月24日才正式开始。但因为有了上一个年度积累的工作经验，本年度发掘的工作效率有了显著提高，所以还是在4月底之前完成了既定的10000平方米发掘面积。本年度总计出水各类文物12000余件，除了与上一年度相同种类的银锭、首饰等文物，本年度最重要的收获是在遗址内发现了以三眼铳为代表的火器；以刀、剑、矛和箭镞为代表的冷兵器和以船钉、船篙、船钩为代表的大量船具；此外，还有部分被火烧熔无法辨认的器物出水，这与文献中杨展与张献忠大战于江口，并且采用火攻这一记载相吻合，从而用实物证据确认了江口沉银遗址的性质为古代战场遗址。

为了寻找杨展与张献忠的交战地点和沉船地点，2020年，我们重启江口沉银遗址的考古发掘。我们将第三次的发掘地点选择在了府河、南河汇合之处。就在围堰刚刚修筑完成，春节期间，一场席卷全球的新冠肺炎疫情爆发了，我们的所有工作计划都被打乱了。全国各地都在推迟春节后的复工时间，但我们真的等不起，4月底岷江的汛期还是会如期到来，再等下去前期修筑围堰的所有投入都将付诸东流。思忖良久后，我们决定必须及时复工。作为国内第一个复工的考古项目，我们当时还是承受了巨大的压力。好在考古发掘地点所在的彭山区疫情防控做得好，再加上考古队本身也制定了科学有效的防疫措施，最后考古队里无人感染，也按照计划完成了当年5000平方米的发掘任务，出水各类文物10000余件。

这一年度考古工作的最大收获是我们对遗址本身有了更为深入的认识。首先我们确认了文物的分布与遗址内河床的起伏状态、基岩局部的微结构以及航道的位置有直接关系。其次我们发现了文物原地埋藏的迹象，在基岩河床上我们发现了多处银锭、金锭、金印以及金块嵌入岩石的情况，这对判断沉船地点以及文物的搬运距离具有标识作用。此外，我们还发现了同一属性的文物集中分布的情况，例如发现了金器的集中分布区以及银锭的集中分布区，这说明很可能当时货物的运载存在分船以及分箱的情况，这对我们认识当时张献忠撤离成都前的准备情况具有一定的启示作用。

2020年度新发现的上万件文物中最为重要的是一枚金印。这枚金印方形印台、龟形印钮，印面铸有"蜀世子宝"四字。发现时已经碎成了5块，由"蜀""世""子""宝"4块印台再加上龟钮共5块残缺金印组成，5块金印分别在不同的地点发现，不同金印残块之间的最远距离已经超过了30米。最初，我们只找到了其中的4块，唯独缺了"蜀"字。虽然当时已经意识到了这枚金印的重要性，但是因为缺了一块，而且缺的那块恰恰又是可以确认金印主人身份的那一块，我们多多少少都有些遗憾。当历经半个月海底捞针般的细致发掘，终于找到了"拼图"的最后一块，当这枚金印被拼合完整时，整个考古队都沸腾了。完整金印的印台边长约10厘米，厚约3厘米，重达16斤。"蜀"字证明这枚金印原为明代蜀王府之物，"世子"为亲王嫡长子。从印文可知这枚金印为明代蜀王世子所拥有，既是蜀王世子的身份象征，也是蜀王府历代世子传用之珍宝。这枚蜀王世子的金印，是国内首次发现的明代藩王世子金印实物，也是目前存世的孤品。

经过三个年度对江口沉银遗址的考古发掘，我们不仅实证了张献忠

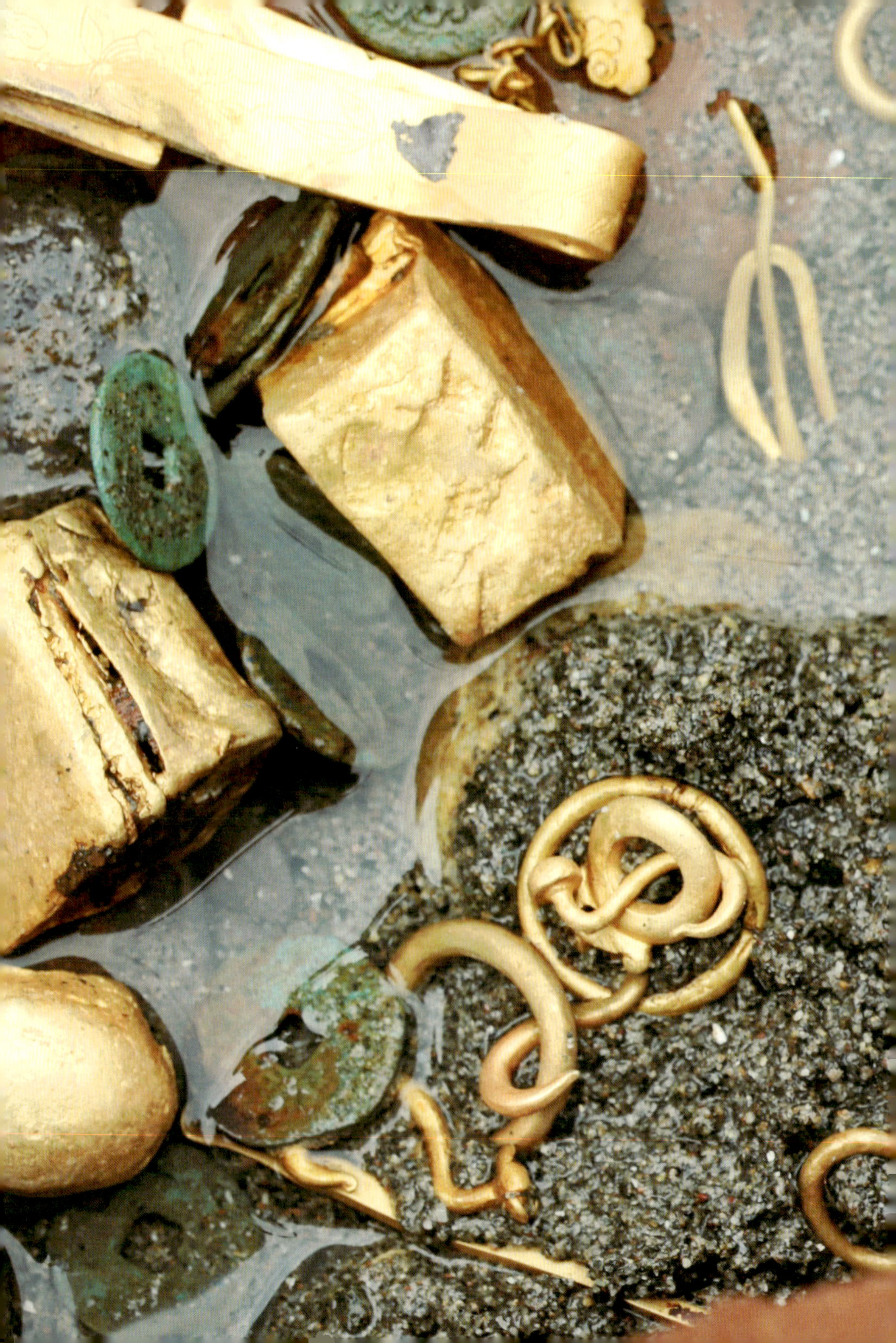

"蜀世子宝"出水现场

的沉银传说，更确认了其沉银的地点就在彭山江口；不仅破解了张献忠巨额宝藏的谜团，更确认了其宝藏遗失的原因是江口战败。当然，考古工作的收获还不仅如此，我们根据出水文物的分布规律和埋藏迹象，对江口之战的发生地点和沉船地点也有了远比之前更为准确的认知。

处处是遗憾的考古工作

在江口沉银遗址的考古发掘中，我们找到了"蜀世子宝"的最后一块，所以没有留下什么遗憾，但这确实只是个案。其实更多的时候，考古工作处处都是遗憾。这些遗憾有的是自然的客观原因造成的，有的是人为的主观原因造成的。

以江口沉银遗址的发掘为例，虽然我们发掘的面积足够大，工作足够仔细，也发现了大量的船钉和船具，但就是没有发现沉船。这是因为水中的环境非常容易导致木材腐烂，岷江水底又是所谓的"硬底"，全部是砂石的堆积，所以即便有沉船，也很难像海洋中那样得到泥沙的有效保护而留存下来。没有发现沉船，就无法得知船只的大小，不知道船上装载了多少金银，更无法知道在战争发生的最后一刻，船是被杨展一方击沉了，还是张献忠一方为了不被敌方所获而故意沉船。环境的原因导致了考古材料保存不完整，所以这些问题也许永远都不会有答案了，不能不说是这次考古的遗憾。

客观的原因导致的遗憾还可以说服自己接受，但那些人为主观原因留下的遗憾，就真的让人无法释怀了。遗址内发现的永昌大元帅金印就是这种情况。因为被盗，人为导致了这枚金印的原生环境被破坏，现在没有人知道这枚金印的埋藏情况到底是怎样的，与这枚金印同沉水下的文物又有哪些。由于缺少了考古背景，当这枚金印被公安人员追缴回来以后，甚至有学者怀疑这是一枚伪印。不能不说，这都是人为造成的无法挽回的遗憾。

历史给我们留下的遗物本身是不完整的，再加上客观和主观原因的毁坏，呈现在我们面前的考古材料更是支离破碎。考古学家的工作就是要靠这些支离破碎的考古材料来复原历史，其难度可想而知。悲观来看，不管是历史学家还是考古学家，永远都不可能复原历史，只能无限接近于历史的真实。从这个角度来说，考古确实是一份处处有遗憾的工作，而我们所能做的就是尽最大的努力从遗物中提取尽可能多的历史信息，不给自己留下更多的遗憾。

2017年1月23日　　星期一　　天气晴

　　又是毫无收获的一天，但今天考古现场发生了一段小插曲。上午大概十点钟左右的时候，突然听到有人喊了一声："我挖到宝了！"接着就看到一个民工拿着一件东西飞速地朝我这边跑了过来。我当时也以为是真的发现了重要文物，简直有点抑制不住内心的喜悦，就差点迎着他跑了过去。但是作为领队，我还是稳住了。等他跑到近前，我仔细一看，他手里拿的哪里是什么重要文物，而是一枚手榴弹。先是一点小小的失望，接着就是出了一身的冷汗。这玩意儿也不知道还能不能爆炸，这确实太危险了。我赶紧让他轻轻放在原地，让跑过来看热闹的大家远离这个区域，然后给派出所打了电话，说明了情况，请求支援。半个小时后，来了两个警察，带走了这枚手榴弹。

　　这件事虽然只是个误会，但也给我提了醒，现场民工的管理还存在漏洞。中午临下班前，我召集现场的民工开了个会，告诉他们，我能理解他们想挖到东西的心情，但是一定要服从现场技术人员的指挥。不管挖到什么东西，都要先给技术人员汇报，而不能拿着东西到处乱跑。

2017 年 1 月 27 日　　星期 五　　天气 晴

　　今天是一个比较特殊的日子，除夕。今年过除夕的地点也比较特殊——考古现场。这是我平生头一次没和家人一起过年，因为到现在为止考古发掘没有丝毫进展，即便回家了也实在没心思好好过年吧。况且这么大规模的考古现场，这么引人注目的考古发掘，现场不留个人值班，我也实在无法放心。参加这次发掘的同事们一年到头都在野外奔波，唯一能陪家人的机会就只有春节，如果再不放他们回去，未免就真的太不讲人情了。

　　同事们走之前，害怕我一个人孤单，就留了两条狗陪我过年。这两条狗，一条叫"大熊"，一条叫"网红"。"大熊"的名字是李飞起的，"网红"的名字是因为它真的就是网红。我微博上的百万粉丝，可能有一半都是冲着它来的。刚到江口的时候，我让文保员老赵帮我找条狗来看门护院。驻地里养条狗一直都是考古队的传统，没想到老赵给我找来的就是"网红",一条看起来有点呆萌的小奶狗。我把它的照片发到了微博上,立刻引起了广大网友的兴趣,有人说我在使用童工,有人问我有没有给它编制?还有人还给它起了个霸气侧漏的外号叫"地狱恶犬"。不得不佩服网友们,真是太有才了。

年夜饭吃的是高院长慰问时带来的速冻饺子,饭后我在电脑上看了一会儿春晚,然后就去考古现场巡查,一切正常。从考古现场走回驻地院子的时候,已经临近午夜。远处的镇上和近处的村里,燃起的烟花在黑色的夜空中此起彼伏地绽放。我发现平时一向胆子很小的"大熊",这会儿居然坐在我办公室的门口,饶有兴致地抬头看着空中的焰火。就这样,我们两个一起看了一会儿焰火,它走了,我困了。

2017年 3月 6日　　星期 一　　天气 晴

　　大家春节回来后，还没放过一天假，已经连续工作差不多有40天了。考古这个行业是靠天吃饭的，一般来说野外工作期间不下雨就不会休息。四川的初春本就少雨，所以我们就这样一直坚持着。不是我不想给大家放假，只是江口的发掘工作实在是特殊，每年的工作时间只能安排在1—4月，到了5月1日，不管现场的考古发掘是否完成，都必须结束工作上岸，因为岷江的汛期来了。

　　今天听本飞说，已经有同学在考古现场求雨了。刚开始听到的时候，觉得有点可爱甚至有点好笑，但是仔细想想还是有点心酸的。人不是机器，始终是需要休息的。虽然他们每个人的脸上都写满了疲惫，但却没有一个人向我请假，也没有听到一个人抱怨。这段时间里，他们吃的苦可能比过去二十年加在一起都要多，但是没有一个人想当逃兵。是什么在支撑着他们？我没有答案。也许考古对有些人来说只是一份职业，但对有些人来说却是一生的追求。

2017年3月12日　星期日　天气阴

晚上负责文物库房管理的周罡杨又来找我，说库房里现在的保险柜已快全部装满了，需要立即采购新的保险柜，不然再过几天，出水的文物就没地方放了。如果我没记错的话，这已经是近一个月来，他第三次来找我要求采购保险柜了。

因为江口出水的文物经济价值比较高，不能像其他考古发掘项目一样，可以直接将文物保存在陈列架上。为了文物的安全，我们选择了使用保险柜进行存放。刚到江口的时候，我的心里完全没有底，并不清楚到底能够从江里发掘出多少件文物，就比较保守地买了一个很小的保险柜，结果在考古现场开始发现文物以后，不到三天这个小保险柜就被装满了。于是，在采购保险柜的时候我下了狠心，一下子买了两个单开门的大保险柜，觉得这下子应该差不多够用了，但是文物出水的速度远远超出了我的预期，差不多以7天放满一个的速度，很快就将这两个保险柜填满了。第三次采购保险柜的时候，我就弃了单开门的保险柜，花大价钱直接买了个双开门的超大保险柜，没想到还不到半个月，周罡杨就又来找我要求买新的保险柜了。

江口考古工作的经费比较紧张，保险柜本身又很贵，这样下去确实是买不起了。于是，我和周罡杨商量，决定以后不买保险柜了，去采购较为便宜的铁皮保密柜来替代。

2017年 3月 16日　　星期 四　　天气 晴

　　真是令人激动又感动的一天。激动的是下午5点左右，已经临近下班了，工地现场发掘出了一件近乎完整的木鞘，木鞘的内部摆满了银锭，周边散落的也是银锭，场面极为震撼。虽然2005年施工队曾在江底挖出过一截木鞘，但是已经残损得很厉害了，完全不能与眼前的这件相提并论。明代的文献中多次出现"木鞘运银"的记载，但真正的木鞘是什么样子，从来没有人见过。这次能亲手发掘出来，我也算是历史的见证者了。这种能够亲手触碰历史、挖掘历史的感觉也许就是考古人职业自豪感的来由吧。

　　有这样的重大发现固然可喜，但是发现的也真不是时候，因为四川早春的下午五点钟天色已经偏暗，已不具备拍照和三维扫描的条件。如果只是这样把木鞘提取回文物库房，无法取得完备的资料，多少有点不甘心。恰巧这个时候，高大伦院长也来到了现场，他看后也很激动，说明天有专家要来现场指导，希望能够把这个木鞘的现状保留至明日。把木鞘留在发掘现场就意味着要面临两种风险：一是晚上涨水的风险——江水会不会漫过围堰，将木鞘冲走；二是这么珍贵的文物，在野外过夜，也面临被盗的风险。

　　经过和发掘团队的充分讨论后，大家都认为不能留下遗憾，把发现木鞘的现场保留至明天这合于开展记录工作的时间段。为了规避之前提到过的风险，队员们决定二人一组，从六点钟开始轮流在现场值守。早春的江风白天吹在脸上犹如刀割，深夜的寒风该是多么的漂冽。刚刚听到了楼底下有队员的说话声，这应该是第四组去现场接班了。

考古君科普

考古工作分几步？

考古工作的过程是科学发现与研究的过程，它一般可以分为五个阶段：前期准备、调查勘探、发掘记录、整理保护和研究发表。

前期准备工作是指在发掘开始之前，考古工作人员需要查阅与发掘地点相关的历史文献资料，包括正史、野史、方志、档案、地图以及民间传说等，同时还需对开展工作可能涉及的人力、物力等方面的情况进行了解。

在完成第一阶段的准备工作后，就要去拟开展工作的区域进行走访调查和实地踏勘，对可能存在文化遗存的地点进行钻探和试掘，在综合各方面信息后，制定相应的工作方案并向文物主管部门提出发掘申请，得到批准后方可进行第三阶段的考古发掘工作。充分的准备工作，是一次成功考古发掘的必要条件。

第三阶段的野外发掘工作，必须严格按照《田野考古工作规程》执行，无论发掘对象是遗址还是墓葬，都是珍贵的不可再生资源，因此在发掘过程中务必以科学的态度

和严苛的标准来要求发掘人员，从而达到在最小发掘面积内提取最多历史信息的目的。在野外发掘工作中，对发现的遗迹和遗物，需要通过文字、绘图、摄影、摄像和三维扫描等手段进行如实记录。

发掘结束后，第四阶段的工作需要将出土文物运回实验室，在室内对其进行登记、清洗、修复和保护等。这个阶段，一般会运用多种科学技术手段，通过分析检测从文物中提取更多的历史信息。因此这个阶段也被称为"实验室考古"。

最后一个阶段需要将经过整理的考古资料系统完整地进行发表，具体表现形式就是常说的考古发掘报告。考古发掘报告力求能够真实、完整、科学地记录考古发掘过程和发掘对象，它是运用考古学方法开展古代社会研究的基础资料。考古报告的出版是考古工作完结的重要标志。

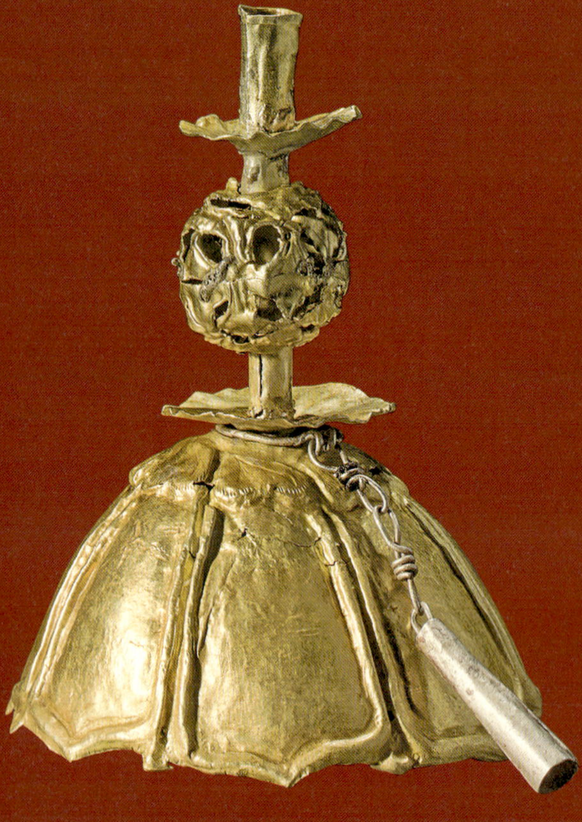

众多"黑科技"破解考古难题

> 在考古工作中,发掘只是开头,而不是结尾。当一件件文物从历史的堆积中露出真容,下一步的工作就得紧锣密鼓地展开了。如果说我们是寻找历史真相的侦探,文物就是我们踏破铁鞋得来的线索,它们破碎凌乱,不轻易将千百年前的秘密透露给世人。

> 文物在岷江底部的分布状况如何?"江口沉银"的"第一现场"在哪里?扭曲变形的器物到底长啥样?……为了拼凑信息,复原真相,我们必须请来众多"黑科技",解题破局。

地球物理探测绘制"3D藏宝图"

江口考古，不仅仅在国内开创了围堰考古的先河；更由于其特殊的发掘环境，需要多学科联合开展工作，众多科技手段被应用到江口的考古工作之中，成为中国科技考古的典型案例。江口的考古工作得到了全国多个高校和科研院所的大力支持，科技工作者亲临考古现场，运用智力资源和科学技术为江口考古发掘保驾护航。众多科研机构和科学技术的加入，在确保江口考古发掘科学性的同时，也对文物埋藏环境和遗址形成过程的研究提供了科技力量。对于江口出水的大量文

物，除了运用传统的类型学方法，我们也通过大量科学检测、分析手段的介入，最大限度地发现了文物背后蕴含的文化信息和学术价值。

江口考古的探测团队由电子科技大学牵头，与中国地质调查局成都地质调查中心、成都理工大学、四川省核工业地质局282地质队、四川省冶金水文队等共计10余家地学领域的知名单位联合组成，形成了强大的协同攻关科研力量。探测团队在江口采用了电阻率成像、地质雷达以及瞬变电磁等多种物探方法。其中，电阻率成像法可以探测出基岩的结构形态，为考古发掘划定文物埋藏的核心区域；地质雷达技术可以探测出河床中砂石覆盖层至河床基岩顶面的形态变化；瞬变电磁探测技术，可以在探测范围内快速获取电磁响应的异常区域，为寻找文物的埋藏地点提供指引。

江口沉银事件发生于明末清初，江口遗址内发现的文物以金、银等贵金属为主，上述文物的埋藏特征受到河流搬运作用的影响，与河床基岩的起伏形态具有非常紧密的联系。岷江的基岩河床在电性特征上具有低电阻率特性，而覆盖于基岩之上的砂石层则表现为明显的高电阻率特征，以上述两种介质的电性差异为基础，利用电阻率成像技术可以探测出岷江河道内基岩的起伏状态和砂石覆盖层的厚度。我们运用电阻率成像探测技术获得了岷江河床基岩

两栖电阻率成像探测

的构造图，为寻找文物埋藏的核心区域和开展考古发掘提供了方向；同时获得的砂石覆盖层厚度，为判断考古发掘的工作量及合理安排考古工作时间提供了数据支持。

在江口的考古探测工作中，科研人员沿平行河流的方向，按照5米的线距布置电阻率法测线；沿垂直河流的方向，按照10米的线距布置电阻率法和地质雷达测线；二者相结合来完成对岷江河床基岩结构的探测，并通过3D建模技术，描绘出岷江河床基岩的3D构造形态。

这项工作我们持续开展了三个年度，江口探测团队在取得大量数据的基础上绘制出了一幅覆盖面积约70万平方米的岷江水底"3D藏宝图"，并对超过5万平方米的文物埋藏重点区域进行了精确探测，为摸清遗址分布范围，确定古河道的准确位置以及掌握水下文物的分布状况提供了科学依据。

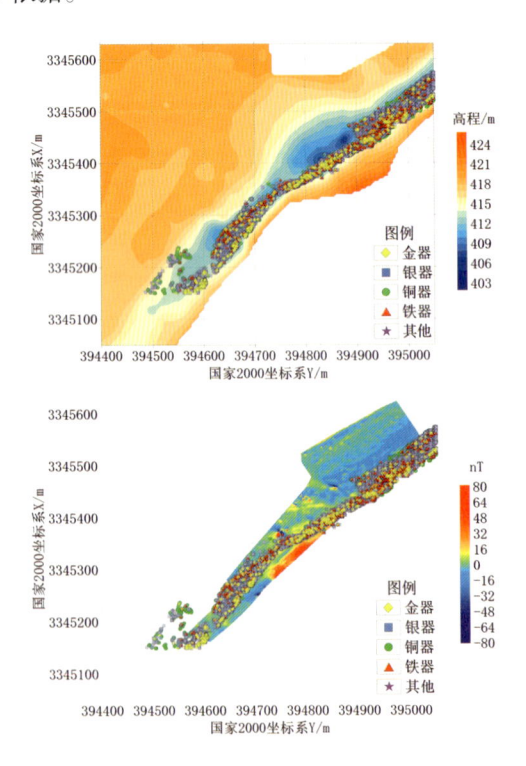

科技探测结论与实际文物出水位置和分布情况相吻合

河流动力研究助力寻找"沉宝"

江口沉银遗址的砂卵石覆盖层厚达5米—8米,绝大多数的文物都分布在基岩河床之上。如此厚度的砂石覆盖层是何时从何地而来?文物又是如何层层穿透砂石覆盖层,最后抵达基岩河床之上的呢?这些问题无疑都是需要我们解答的。传统考古学的方法面对这样的科学问题,有点力不从心。华东师范大学联合河海大学、南京水利科学院、四川大学水利水电学院等多家国内水文、水利科研团队,运用河流动力学、沉积学等方法,对江口沉银遗址的形成过程以及文物在水下的运动规律开展研究。

科研团队通过对砂石覆盖层进行颗粒分析,认为覆盖层是由一次或多次洪水冲积而成,只有在夏季强大洪水的作用下,才能从岷江上游将如此规模的砂石推移至此。同时,也尝试通过对砂石进行地球化

水槽冲刷实验

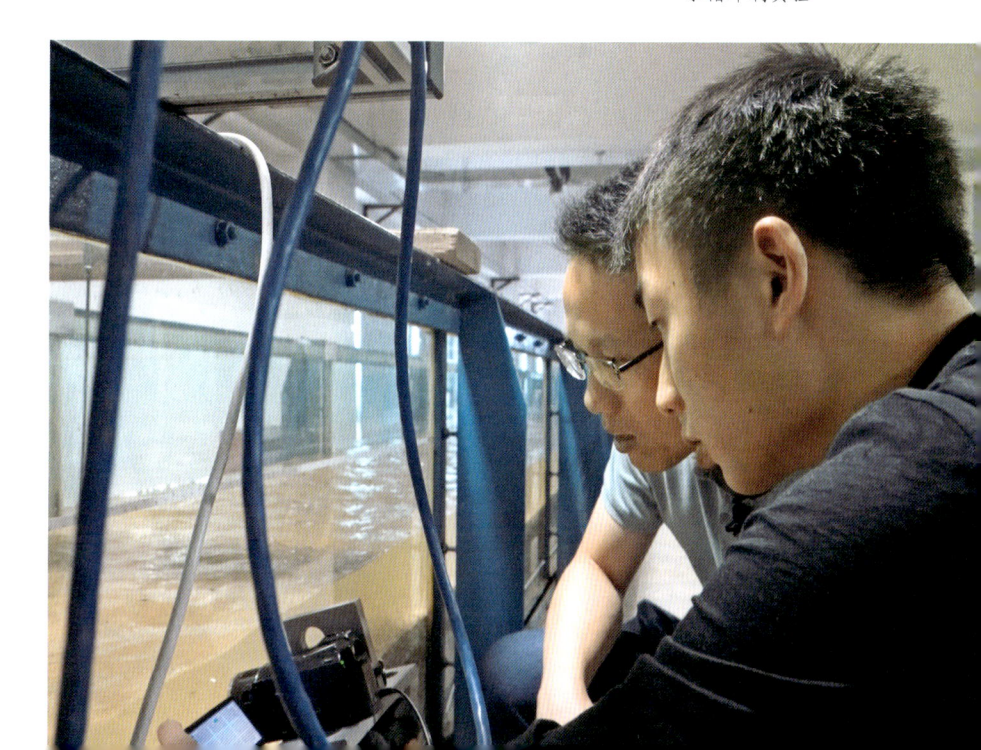

学元素分析,来研究覆盖层的具体来源,但结果并不理想。由于岷江上游河道在历史时期经过多次人工干预,河道内砂卵石的地球化学元素指标整体较为混杂,所以暂时无法判定覆盖层的砂卵石到底是来自岷江主源的金马河还是来自穿成都而过的府南河。

科研团队为了摸清文物在岷江水底的运动规律,还通过水槽实验来模拟岷江水流以及江底砂石和文物的运动。从实验的结果来看,如果文物之上覆盖有砂石层,其水平向河流下游和垂直向砂石底部的运动距离都十分有限;因为金属文物的比重较大,其启动速度相对于砂石而言要慢很多,所以只有当洪水将覆盖在金属文物之上的砂石层完全剥离后,文物才会产生移动。这样的实验结果,有助于我们判断张献忠战败沉银的最初位置,也利于我们推断文物在岷江水底的运动距离,从而为考古发掘区域的选择及遗址保护范围的划定提供科技支撑。四川大学考古文博学院的李映福先生就此项工作评价道:"江口沉银遗址的交叉学科研究,同时促进了自然学科和人文学科的创新与发展。"

文物医生"妙手回春"

江口沉银遗址出水的大量文物,对于研究明代晚期的政治、经济、军事乃至明末清初的历史文化、社会状态具有重要意义。但遗憾的是,这批文物历经三百余年,遭自然和人为损毁的情况均十分严重,有的已经极度扭曲残损以致无法辨识原器形,影响了文物的进一步研究,甚至影响到文物的准确定名。我们在经过多次专家咨询、讨论之后,决定对部分损毁金银器进行修复,同时开展工艺研究。

江口沉银遗址出水文物的修复,主要采用了现代科技与传统技艺

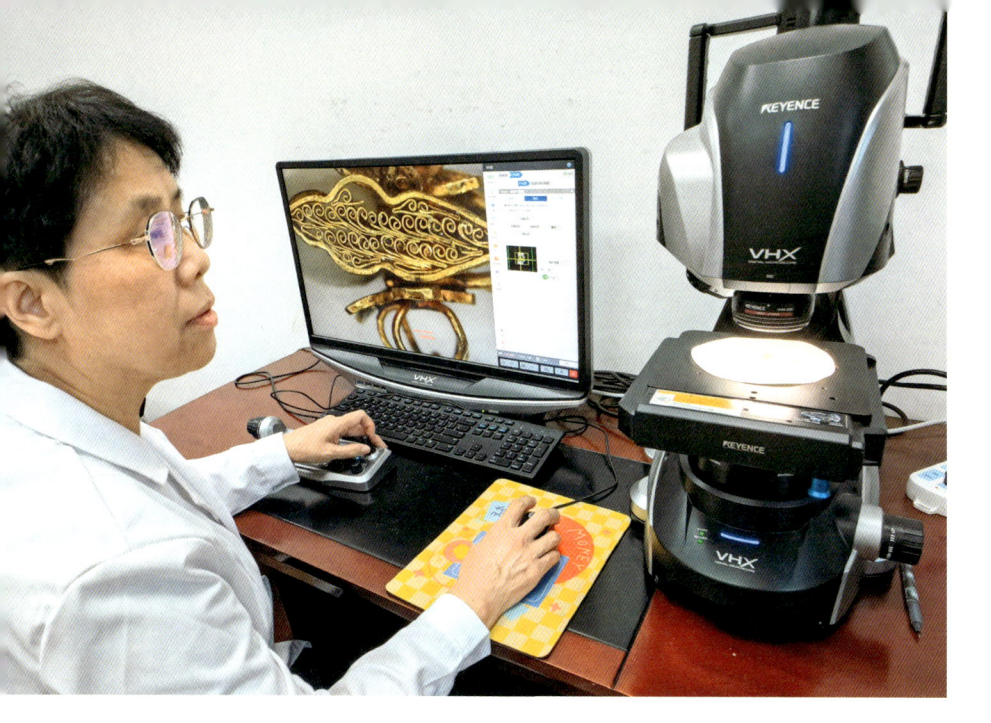

实验室分析

相结合的方式。现代科技是医生"看片子",传统技艺属于医生"动手术"。现代科技的引入,为判定器物的质地、材料来源、制造工艺等提供了科学依据。但要做到原状修复,也要求修复者掌握传统工艺。中国拥有悠久的文物修复历史,发展出青铜器、铁器、竹木漆器等多种文物的修复技术。至今,仍有许多文物修复师以师徒结对的形式传承技艺。在修复前,首先需要通过科学检测分析文物病害,系统研究制作工艺,在掌握金银质材料物理特性的基础之上,对器物裂隙部位进行加固,再通过传统工艺加热退火,进行矫形修复。通过前期XRF便携式荧光光谱仪、SEM扫描电镜、超景深3D显微镜、工业级X射线探伤仪等设备的检测分析,可以探寻到肉眼难以发现或察觉的信息。比如利用X射线探伤仪,即便文物严重折叠挤压,也可以发现文物内部存在的折痕、裂隙及文字,而不会损害文物本体;运用SEM扫描电镜

对文物的微观形貌和元素进行分析，能够提供文物不同部位之间焊接材料的元素成分，有助于后期重新配制补焊材料；通过超景深3D显微镜对文物内部文字的精细测量，为初步判断其工艺类型提供依据等。最后，文物保护修复工作者还要通过老一辈手艺人的言传身教，以纯手工的方式，还原江口文物的制作流程，做到使用"原工艺、原材料"来修复文物。

这样的修复和保护方式，虽然耗时耗力，但对于文物本身而言无疑是最好的。经过文物修复工作者两年的不懈努力，我们完成了75件出水文物的保护修复工作。这样的工作方式也得到了业内专家的高度认可，2021年10月20日，由中国文物学会、中国文物报社主办的"2021全国十佳文物藏品修复项目推介活动"终评会在京召开，由文物修复、文物保护、科技考古、博物馆等相关领域的15名专家组成终评委员会。经过材料审阅、项目汇报、专家询问、综合评议，江口沉银遗址的金银器保护修复项目在93个申报项目中脱颖而出，最终入选了"2021全国十佳文物藏品修复项目"，为金银质文物保护修复研究的标准化、规范化、科学化和系统化树立了典范。

沉"银"哪里来？

明清时期，白银作为法定货币在我国市面流通，但由于本土白银产量不足，供不应求，需要进口来自日本、美洲等地的白银。

江口沉银遗址出水了大量的白银文物，这些白银从哪里来？是源于中国本土银矿开采的白银？还是在明代中晚期全球贸易一体化下，由南美、日本流入国内的海外白银？这是一个重大的学术问题。为了弄明白这个问题，我们联合北京科技大学对江口沉银遗址出水的白银文物进行了溯源研究。我们主要利用激光剥蚀（LA-ICP-MS）方法对白银文物中的银、铜、铅、金、铋等主、微量元素进行分析，分析的文物类别主要包括大银锭、小银锭、银块、银饼和多种小件银器，总计获取了1998个数据。大银锭的微量元素数据显示四川和两湖地区的白银原料并非来自同一产地，且二者均与美洲的白银原料具有显著差异，这说明在明代晚期西南及长江中游地区使用的白银中可能较少受到来自南美地区白银原料的影响。我们利用铅同位素比值和铅含量初步辨析出四川和两湖地区银锭的原料中大致存在三个主要源头，且其中之一可能与滇东北地区有关。基于这一认识，我们还对云南东北部地区的乐马厂、金沙厂、矿山厂、金牛厂等明清时期的白银矿厂进行了实地田野调查，开展了冶炼遗物科学分析。关于江口遗址出水白银的科技考古工作，不仅为明代白银溯源研究提供了科学依据，同时也为中国古代白银数据库的建立积累了大量的资料。

2020年 6月 4日　　星期 四　　天气 晴

　　下午微信上收到了马燕如老师发来的图片——马老师是江口文物修复的主要负责人。在她发来的图片里，我看到一个刚刚被展开、之前被折叠得很厉害的银杯。马老师兴奋地告诉我说："这个杯子的底部能看到一匹马。"一听到有马，我立刻意识到了这件文物的重要性。因为之前在江口出水的一件银杯底部就錾刻了一匹马，这两件银杯会不会同属于一套文物呢？我赶紧问马老师："有没有字？"马老师过了一会儿回复我说："有字，但是现在还没有完全展开，看不清楚。"因为没有在修复现场，我只能焦急地等待，我知道现场的马老师肯定比我还着急。

　　过了差不多半个小时，马老师又发来了现场的图片，银杯基本上被展开了。短短的时间内，就能将银杯复原成这个样子，马老师和康师傅这两位"文物医生"的手艺让我着实敬佩，在她们的手底下，文物重获新生。虽然杯子底部有很多因折叠产生的褶皱，但我还是能够看到一匹马的左上角錾刻了"越影"二字。果然和之前发现的那个银杯是一套的！因为那个银杯底部錾刻的是"超光"。"越影"和"超光"同属于"穆王八骏"，如果判断无误，这应该是一套银杯，总共有8个。现在我们已经发现了2个，那另外的6个又会在哪里呢？

2020 年 8 月 21 日　　星期五　　天气 晴

　　这段时间最开心的事情就是收到马燕如老师的微信，因为一收到她的微信，总是会有新消息。今天马老师微信发来的原话是："让你跟着我们一起高兴一下吧！这次咱们修复的23件文物，从昨天开始生娃娃！昨天生了一个，今天生出俩！现在变成26件了！" 透过手机屏幕，我都能感受到马老师的激动。看了母片我才明白，原来是一件折叠的"金帽顶"里还藏了一件"金带铃"。如果不把折叠的文物展开，根本就不知道里面原来还这么精彩。马老师半开玩笑地说让我请她吃一只烤全羊。这新发现了三件文物，价值哪里仅仅是一只烤全羊呢？怎么着也得三只吧！但是，我请这个客，是不是应该唐院长买单呢？

　　实验室工作对文物修复的意义，实在是不亚于第一次考古发掘的意义。这次在修复江口文物的过程中，每展开一点，都会有一点惊喜，这也是"文物医生"们在实验室里开展二次发掘工作的诱人之处吧！

考古君科普

科技考古是什么？

科技考古是利用自然科学的理论方法和技术，分析古代实物资料，从中提取古代人类的活动信息，用以探讨人类行为、生存方式、生产技能以及人与自然的关系及其发展规律的一门学科。科技考古学不断吸收、借鉴、融会自然科学和考古学理论、方法，并使用这些技术与方法来获取考古信息。目前在考古工作中经常使用的科技手段包括探测技术、分析技术、保护技术等，贯穿于考古工作的始末。如在考古勘探中会使用遥感和航空摄影，GIS、GPS等技术；考古测年会使用到碳—14测年方法、释光测年法、古地磁学测年法、铀系同位素断代法等方法；此外，科技考古还可根据研究对象细分为植物考古、动物考古、人类骨骼考古、冶金考古、陶瓷考古和环境考古等更多的门类。

四川考古

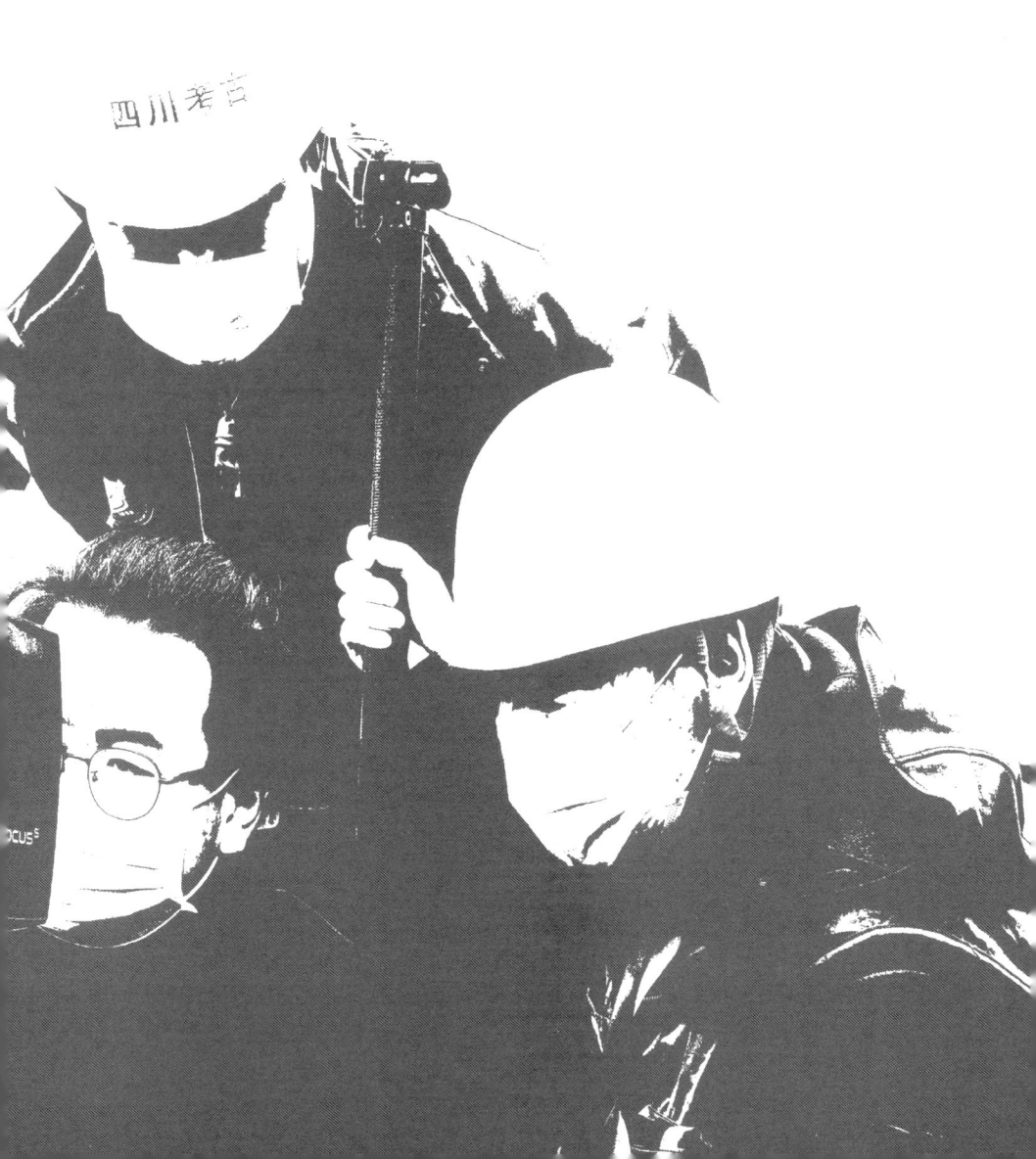

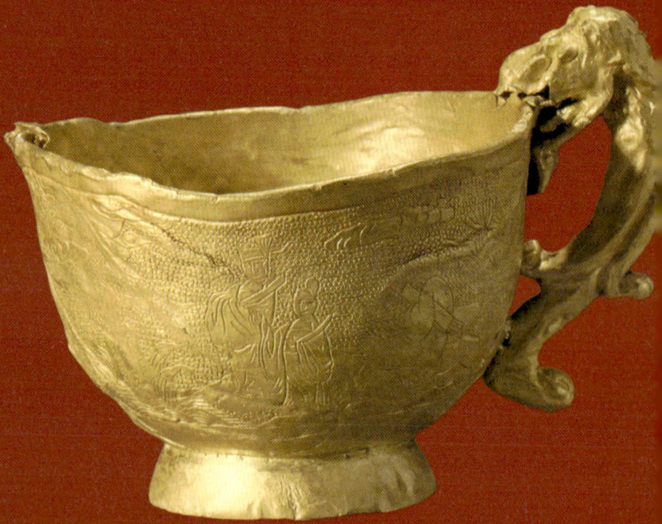

江口沉银 考古手记

考古发掘下半场：
文物的
保护与传承

/ 面对出水的精美文物，面对文物所承载的深厚历史，我们唯一能做也是必须要做的，就是拂去文物上的历史尘埃，让它重现光彩，回归社会，走进寻常百姓家。

/ 但是问题马上滚雪球似的来了。出水器物多达数万件，考古队不过十几人，业务工作分身乏术，安保力量更是几近于无，我们要怎么做才能妥善保管这些珍贵文物？在更久远的未来，何处是它们的容身之地，我们又该如何将它们永久传承下去呢？

/ 事不宜迟，我们必须马上找到解法，为江口沉银遗址的考古发掘画上一个完美的句号。

把文物**保护**下来

考古发掘改变了文物所处的环境，可能会导致文物的突变性损害，例如长期处于干燥环境的文物会因湿度增加而开裂、破碎；在潮湿环境下保存的文物出土后极易起翘、掉色；光也会造成有机质文物的氧化、褪色。考古学家需要尽可能控制发掘现场环境，并依据文物材质及保存状况进行分类保护。

为了做好江口沉银遗址出水文物的保护工作，我们在考古发掘现场建立了文物保护实验室，配置出水文物保护所需要的多种仪器设备、工具和材料，搭建了出水文物的分析、检测和保护平台。文物保护实验室配置的仪器包括XRF便携式荧光光谱仪、超景深3D显微镜、色彩分析仪和超声波清洗机等。当考古队员发现文物，可以做到第一时间在现场及时保护。在考古现场配备实验室，是担心文物从水里出来之后，暴露在空气之中，周围环境变了，就有可能会对文物造成二次伤害，所以必须采取必要的保护措施。比如江口沉银遗址内发现的木鞘这类有机质文物，在出水之后要赶紧把它泡在水里或者用湿毛巾覆盖，还原到它出水之前所处的环境；再比如发现的一些铁器，在发掘出水之后，要先除盐和除锈，才能减缓它被腐蚀的速度。当然还有一些文物，我们在现场保护不了，这就要送回实验室做进一步地科学检测和分析。我们考古院自己做不了的，还会与高校开展合作，联合进行科技攻关，直到找到可以把文物保护下来的办法。

江口沉银遗址内发现的文物比较特殊，一般来说古代遗址内发现的文物会以陶瓷器为主，但江口出水的文物却以金银器为主，包括了大量的金银册、金银币、金银锭以及金银首饰等贵金属器物。在发掘之前，我们去国家文物局汇报工作方案的时候，考古处张磊处长就再三强调一定要注意文物安全，务必做好文物的保卫工作。出水文物的高经济价值，确实给发掘现场和文物库房的安保工作带来了巨大压力。我们联合彭山区公安分局成立了专门的安保组，负责考古发掘区、遗址保护区以及文物库房的安保工作。在考古发掘区装有固定和流动的摄像头，对区域内实行24小时监控，进出发掘区需要经过专门设立的

木鞘出水现场保护处置场景

安检站，对所有进出人员进行安全检查。在长达2千米的遗址保护区周边，也全部安装上了监控系统，并安排了安保人员定时巡查。文物库房更是安保工作的重中之重，文物从考古现场到文物库房，有特警护送，进入文物库房之前需要经过四川省文物考古研究院、彭山区文物保护研究所和彭山区公安分局工作人员的三方清点，避免出错。所有工作人员出入文物库房都必须进行严格的登记和安全检查。

江口沉银遗址自第一次考古发掘以来，遗址内发现的文物既没有出现受损，也没有出现被盗的情况，及时的保护措施以及周密的安保工作是能做到这一点的关键。虽然这个过程看似有点烦琐，而且还大大增加了我们的工作量，但我们坚持这样做的目的就是让遗址内发现的文物能够完完整整地、安安全全地进入博物馆，把它们以最完美的状态，呈现给走进博物馆的公众。

把文物展示出来

著名考古学家苏秉琦先生说过："考古是人民的事业。"作为考古工作者，我们有义务让考古成果尽快回馈公众，让公众通过考古成果认识和了解我国悠久的历史和灿烂的文化。受这样的目标指引，在江口沉银遗址第一次发掘结束后，我们希望能够尽快办一次考古成果展。虽然目标很明确，但是我们在筹备展览的过程中依然面临很多实际问题，如展览经费的筹集、展览地点的确定、展品的选择、展览主题的确定、展览大纲的撰写、形式设计，等等。因为我们是考古单位，本身对于举办展览并没有什么实际经验，所以最后还是决定与国内高水平的博物馆开展合作，由博物馆专业人员来策展，我们提供协助。

展览经费的事情很快就解决了,四川省委宣传部得知我们有办展览的想法,划拨了专项经费进行支持。展览地点的选择就有点一波三折了,大家认为江口考古成果展的第一站应该放在北京,这样的影响力会比较大。因为是首都,全国人民都可以来看,在这一点上大家的认识是一致的,争论的焦点在于应该放在北京的哪个博物馆里展览。最后主要形成两种意见:故宫博物院和首都博物馆。支持放在故宫展览的人认为,江口发现的主要是明代文物,其中更有一部分属于明代皇室,故宫作为展览地点最合适不过;反对的人认为,观众进故宫主要是奔着皇室建筑去的,可能不会特别留意展出的文物,江口的展览被边缘化,就达不到展出的效果。支持去首都博物馆展览的人认为,首博展厅的硬件条件更好,策展水平也是一贯的高水准,不久之前海昏侯刘贺墓和殷墟妇好墓在首博的展览都取得了巨大成功;反对的人

策展团队进行布展选品

认为，首都博物馆的级别低于故宫博物院，影响力和人流量也都远不如故宫。最后经多次讨论，去首博展览的意见逐渐占据了上风。但没有想到的是，负责与首博对接展览工作的同事却传回了坏消息，我们想要的6—9月的展期，首博的展厅都有了安排，且无法调整。正当我们一筹莫展的时候，国家博物馆向我们伸出了橄榄枝。双方经过短暂的接触，很快就达成了共识，国家博物馆提供1000平方米的展厅，并且我们想要的展期也没有问题。接下来，江口文物赴北京展览的工作终于进入了快车道。

国家博物馆负责江口沉银考古成果展的策展人陈庆庆，带领她的团队开展了专业而高效的工作。2018年4月10日，我们在北京参加2017年"全国十大考古新发现"的终评会，会议期间我们第一次碰面。4月15日，她飞来四川，到江口文物库房挑选展品，5月10日她就完成了展览大纲的撰写。40天后，展厅的陈列设计也如期完成。我们这边的配合工作也同时在紧锣密鼓地进行，

紧锣密鼓布展中

考古发掘下半场：文物的保护与传承

展品清单的制作、展览协议的签订、展品价值的评估以及运输、保险合同的签订，等等。虽然我们只是做了一些配合性的工作，但还是深深地感受到了博物馆举办一个展览的复杂与策展人策划一个展览的不易。

万事俱备，只欠东风。接下来我们要做的工作，就是把展览清单上的文物交给专门的展览公司运抵北京。我记得当时我院的高大伦院长提了一个要求，就是文物只能走陆运，不能走空运，因为空运的飞机一旦失事，所有的文物都将无法挽回。6月19日江口文物从彭山出发，并于6月20日夜里安全抵达了国家博物馆。这个时候，离原定的展期只有5天的时间，可以说是非常紧张了。从6月21日开始，四川和国博双方各自安排了10人，分为5组，同步进行文物的点交和入柜。6月25日下班前，我们终于完成了最后的布展工作。策展人陈庆庆在她的策展手记中写道："5天内完成500件文物的点交布展工作，在之前的想象中，这几乎是不可能完成的任务。"

2018年6月26日，中国国家博物馆成功推出"江口沉银——四川彭山江口古战场遗址考古成果展"，这是江口沉银遗址考古成果在全国首次公开、全面的展示，也是中国国家博物馆全国考古发现系列展的开篇之作。这次展览从江口沉银遗址发现的30000余件文物中，精选了500件代表性文物，并将这些文物分为两个部分展示：一部分重点表现大西政权的建立情况以及导致遗址形成的江口之战；另一部分展示明代中晚期社会的整体风貌。同时也对江口沉银遗址的考古发掘

专注欣赏文物的观众

做了全方位介绍，突出展现了考古新方法、新技术在此次发掘中的首创性以及公众参与在此次发掘中的重要性。

开展当天，为能够一睹江口沉银遗址的文物真容，数千人在国博南九展厅门口排队等候。开展之后两天，由于人流量过大，国博不得不采取了售票措施进行限流，即便这样，每日参观人数仍高达上千人。对于考古人来说，事业上的成功莫过于考古有所发现，但更成功的莫过于能够与公众分享考古发现。

考古发掘下半场：文物的保护与传承

江口沉银遗址考古成果展开展啦

    2018年10月21日，结束北京国博展览的江口文物回归四川，在四川博物院继续展出；2019年7月4日，江口文物来到了广州，以"沉银重现——四川江口古战场遗址考古成果展"为主题在广东省博物馆进行了为期三个月的展览。江口沉银文物在国内各大博物馆的成功展出，在民众中引发的热烈反响，让我们对自己工作的社会价值和意义有了更加深刻的认识。

把文物**传承**下去

随着江口考古工作中发现的文物越来越多、越来越重要，这批文物最后该放在哪里保管和展示的问题，在各种工作会、碰头会上被越来越多地提及。是发掘结束后移交给四川博物院？还是修一座以江口考古发现文物为主题的专题博物馆？两种方案，当时都曾被提及。

为了解决这个问题，2017年3月11日，彭山区政府邀请了包括故宫博物院原院长郑欣淼、中国国家博物馆副馆长董琦在内的十多位国内顶级博物馆专家，召开了"江口沉银博物馆建设"研讨会。专家们在观摩了出水文物以后，认为江口沉银遗址考古发掘出水了"西王赏功"金银币、张献忠封妃的金册等大量直接与张献忠相关的遗物，科学地确认了该遗址为张献忠江口沉银的确切地点。遗址出水了种类丰富、数量巨大的明代文物，为研究明清之际的政治、经济、文化、军事、生活等提供了丰富素材。出水文物种类多、级别高、涵盖面广，是非常重大的考古发现。有鉴于此，专家们经过认真讨论，形成了以下意见：第一，由于考古发掘出水了大量文物，为更好地整理、保护、研究、保存和展示，有必要建设一座与张献忠沉银事件和江口沉银遗址相关的专题博物馆。第二，博物馆的选址应与遗址相辅相成、密不可分，位置越近越好，参观线路联系越紧密越好。第三，博物馆规模应考虑其日后的可维性，建筑面积宜在10000平方米—20000平方米。第四，应尽快着手研究博物馆的展陈内容，建议以江口考古出水文物为主体，延伸表现张献忠与明末农民战争史、明末清初时代变革史、明末社会生活史和清初移民史等方面。这次会议定下了要修建一座专题博物馆并且就在遗址附近修建的大方向。

接下来博物馆的建设工作，都是朝着这个大方向在有序推进。2018年底，博物馆选址确定，就在与遗址近在咫尺的岷江与府河交汇

江口沉银博物馆设计方案全景图

的三角洲上，彭山区政府划拨建设用地200亩；2019年2月，考古队完成对博物馆建设区域内的文物调查勘探工作；2019年3月，法国雅克·费尔叶建筑事务所中标江口沉银博物馆建筑设计方案；经过一年多的深化设计，并进行了外立面、荷载、防水、能耗、景观等十个专项论证后，2020年9月27日，江口沉银博物馆正式破土动工。巧合的是，第

二天习近平总书记在中央政治局第二十三次集体学习时，发表了关于"建设中国特色中国风格中国气派的考古学"的重要讲话，全国考古工作者无不为之振奋。参与江口沉银考古发掘和博物馆建设的全体人员，也全都沉浸在巨大的喜悦之中，既为总书记对考古工作的重视而鼓舞，也为江口文物终于有了自己的家，能够永远传承下去而开心。

考古发掘下半场：文物的保护与传承

江口沉银博物馆施工进行中

考古发掘下半场：文物的保护与传承

2018 年 10 月 21 日　　　星期日　　天气晴

　　今天江口沉银的文物从北京的国家博物馆回到了四川博物院。下午两点钟，为期三个月的"江口沉银——四川彭山江口古战场遗址考古成果展"在川博一楼的临展厅正式拉开了大幕。在展览的开幕式上，我有感而发地说了一些心里话，兹记录如下：

　　2017年的1月5日，是江口考古正式开始的日子。从那一天起，我和我的团队所经历的一切，是那么的不可思议。一个在民间流传多年的传说，就这样一点点在我们的手下成为历史。这种穿越时空，与文物与历史的对话，足以震撼到每一个人的心灵。看起来传说和历史之间似乎只隔了一次考古发掘，但在这背后，却是数十个考古人一百多个日夜的辛苦工作。

　　江口考古真的很难，无论是发掘对象、发掘方法还是技术手段，面临的许多问题都是中国考古史上前所未有的挑战。在国家文物局、省委宣传部和省文物局的大力支持和坚强领导下，依靠全国各方专家，群策群力，终于顺利完成了江口考古工作，并取得了举世瞩目的成绩，获评为2017年度的"全国十大考古新发现"。

　　经过两个年度的考古发掘，我们现在可以说对江口遗址已经有了初步的了解，但这种了解还远远谈不上深入和全面。2万平方米的发掘面积虽然听起来不小，但相对于江口这种类型的遗址来说也并不大，算起来仅仅是整个遗址面积的五十分之一；42000件的文物听起来件数很多，但相对于如今还在江底埋藏的文物，也许只是冰山一角。我们唯有制定周密的工作方案，在科学考古理念的指引下，有计划地对江口遗址展开发掘，才能为揭开历史迷雾，为保护和利用、展示和传承优秀历史文化打下坚实的基础。

本年度的江口考古发掘刚刚在4月结束，仅仅2个月后，文物就现身国博，而从国博回到川博更是只用了短短的20天。从中我们能够深刻体会到四川文博人让文物回家的迫切心情，也展现了川博策展团队的辛勤和高效。在这里，我要致以特别感谢，因为你们不仅让四川人民能够在家门口共享江口考古成果，而且也帮我个人完成了许久以来的一个愿望。读大学时，我的同窗好友曾经问我，你学了考古以后，最大的愿望是什么？我当时的回答是希望在一天能够带着我的孙子，走进博物馆，指着展柜里的一件文物说，这是爷爷当年亲手发掘出来的。当时我觉得这个愿望很遥远，没想到这么快就得到了实现，而且不是一件，是五百件。略微有点遗憾的是，这个展览的展期太短，仅仅有三个月的时间。那么就让我们期待一下，期待江口沉银遗址博物馆的早日建成，期待看到无数个爷爷带着孙子走进博物馆的美好画面。

考古人是幸运的，因为我们可以亲手触摸历史，但考古人又是不幸的，因为我们触摸到的历史总是残缺的。今天，我们关于江口沉银的认识必定不是全貌，也许仅仅是个开始……

考古君科普

考古与盗墓的区别

最近几年，经常会听到这样的说法——"考古的就是不如盗墓的，盗墓的总是能比考古的抢先一步"。在盗墓小说和影视剧的影响下，部分人甚至将盗墓贼吹嘘得神乎其神。其实"盗墓"这种事真没什么好吹嘘的，更谈不上有多高的技术含量。电影里那种神神道道，念个寻宝诀就能发现古墓的桥段，在现实中是根本不存在的。我国文物保护的工作方针是"保护为主，抢救第一"。这就决定了考古队一般不会主动去发掘古代的遗址或者墓葬。现在大多数的情况是盗墓贼把墓葬破坏了，考古队才去进行抢救性发掘。盗掘文物的行为自古有之，盗墓贼的目的也从来都是为了获取个人私利，而在考古工作者眼中，那些文物身上所承载的历史信息才是最珍贵的。

目的不同，决定了二者的工作方式不同，这是考古和盗墓的重要区别。盗墓贼完全无视其行为对于文物与背景信息的破坏，以挖到珍贵文物为唯一目的。在其野蛮的挖掘下，文物

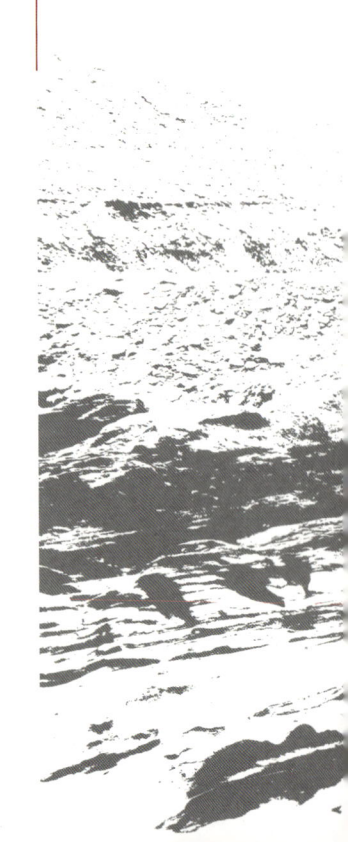

所处的环境往往遭到很大的破坏。文物发现背景的丧失，导致了其本身所承载的大量历史信息丢失，因此也造成了大量历史谜团无法破解，这不管是对历史研究者还是公众来说，都是无法弥补的遗憾；而考古发掘的原则就是从考古遗址、从历史文物中提取最多的历史信息，以保存其历史文化价值。

因为目的和工作方式的不同，二者的结果更是天差地别。盗墓贼会把因盗墓获得的私利放进自己的腰包，被盗掘出的文物则四处流散，大多被私人藏家据为己有，成为个别人的私产；考古工作的成果则是面向公众并且服务于公众，考古发掘出的文物经过修复、保护和研究后，会被送到博物馆里保管和展示，在那里，每一个人都可以享受这些考古成果，近距离地感受这些珍贵的历史文化遗产。

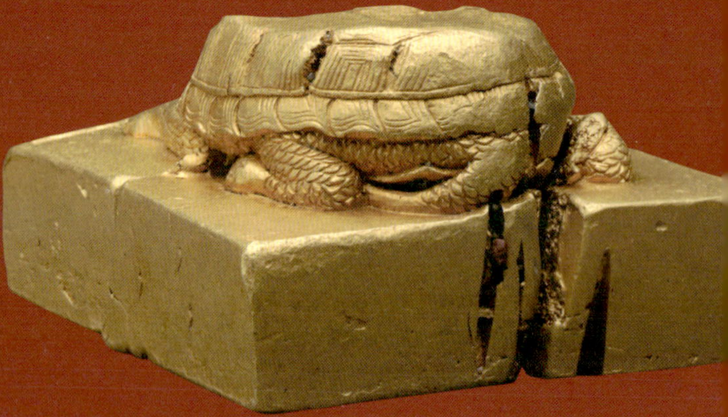

江口沉银
JiangKou ChenYin
考古手记

考古发现
新历史

/ 中国的考古发现有很多，但是其中能印证民间传说的并不多。江口沉银遗址考古所揭示的历史与民间多年以来关于张献忠沉银的传说基本吻合，这一发现引起了历史学家尤其是明清史学家的极大兴趣。

/ 北京大学历史系教授赵世瑜先生就认为："江口考古发掘，最直接的价值就是可以推动张献忠农民起义的研究。明末农民战争对于明清历史，尤其是西南地区的历史产生过重大影响。他们长期流动作战，留下的遗物并不多见。此次发掘，相当程度上填补了这一段历史空白。"

/ 考古新发现为历史学家的研究提供了新史料和新视角，考古学家和历史学家携手在晚明社会变迁的大背景下对江口文物进行解读和阐释，从而推动和深化了这一时期的历史研究。

文物证明历史

我国传世文献浩如烟海，因此历史科学注重文献研究，强调考古学证史或补史的功能。中国考古学家夏鼐将历史学与考古学比作"车子的两轮，飞鸟的两翼"，就是说考古发现帮助历史学重建历史，文献记载为考古学指引方向。国外考古学界并不认为考古学只从属于历史研究，发展出过程考古学、后过程考古学，使考古学在探究人地关系、社会变迁等领域发挥了作用。

江口沉银遗址中大量文物的出水，对于明清历史的研究，有着极为重要的意义，这些文物从不同侧面印证了明末清初那段波澜壮阔的历史。

江口发现文物中最引人注目的是明代藩王府的金印和金册，这些源于皇室的高等级文物，作为战利品被张献忠从各地的藩王府带到了四川，最后沉没于岷江水底。考古发掘出水的那枚"蜀世子宝"金印，根据印文可知它来自明代成都的蜀王府。据《明实录》记载，明太祖朱元璋曾在洪武十一年（1378）命令礼部铸造金印，每枚重十五斤，赐予秦、晋、燕、周等藩王府的"世子"。《明实录》中没有记载"蜀世子宝"的准确铸造时间，不知道这枚金印是否为同时或稍晚铸造，然后跨越了大半个中国，从北京来到成都，成为蜀王府世子历代

"蜀世子宝"金印

相传的身份象征?崇祯十七年(1644),当张献忠攻入蜀王府的时候,末代蜀王朱至澍投井自尽,这枚金印落入了农民军之手,从此下落不明。当我们发现这枚金印的时候,印台已经碎成了四块,且有清晰的砍砸痕迹。是农民军打算瓜分黄金?还是通过损毁王印,宣泄他们对明朝政权的仇恨?我们已不得而知。但是,我们知道那一年的大明王朝,确实如这枚金印一般,已经四分五裂了。

封册是明王朝和大西政权册封后妃、太子、公主、亲王、郡王等或其配偶所用，一般为金、银所铸。目前，我国发现的明代封册很少。除了江口明末战场遗址，只有明代宗藩墓葬出土过部分封册。江口沉银遗址中发现的数枚金册，内容虽然因受封人身份的不同而有所区别，但结尾却一般都会用"钦哉""勿怠"四个字来结束。"钦哉"彰显了皇家身份，"勿怠"则寄托了大明皇帝对朱氏子孙的诫勉和期许。这些明代藩王的身份信物，在北京的紫禁城里被铸造镌刻之后，随着钦差大臣去了各地的藩王府。当藩王府被农民军攻占后，它们又成了农民军的战利品，最后被张献忠带到了四川。在经历了370余年前的那场江口之战后，它们就此沉睡于岷江水底。这些金册从紫禁城出发后，分散存于明代的各大藩王府，不承想最后竟然能够齐聚于四川的江口，不能不说这是历史的奇妙之处。作为考古学者，能够亲手发掘出如此之多的皇家金册，也不能不说是一种幸运。

江口沉银遗址发现的另外一类重要文物是银锭。这些银锭重达五十两，多数刻有铭文。从铭文可知，这些银锭大多是税银，而且包含了明代的多个税种，如粮银、马草银、白蜡银、商税银和轻赍银等，种类繁多。除了这些日常税银，在银锭上还能看到很多明代晚期才出现的新税种，比如石门县的"辽饷银"、汉阳县的"练饷银"和京山县的"助饷银"等，从中可以看出当时民间的税赋非常繁重，这也就不难理解为什么会爆发大规模的农民起义了。

这些官银大多是张献忠的农民军从各地官府中得来，如果将它们的来源地汇集在一起，大致可以拼出一幅张献忠的行军路线图。这幅行军路线图与历史文献中关于张献忠作战路线的记载基本上是一致的。这些出水的银锭上还铭刻有多个可以在《明史》中找到名字的地方大员，如四川巡抚"廖大亨"和"陈士奇"，四川巡按"陈良谟"和"刘之勃"等。四川省社会科学院研究员陈世松先生认为："这些新发现的银锭是丰富四川历史研究的重要证据。"举个例子来说：廖大亨，崇祯十四年（1641）入川，卖力推行明思宗朱由检制定的加饷剿"贼"政策，大规模加税以用作练兵费用。没有完成纳税的地方，就让衙役们自己去讨要，并作为薪金发放，闹得民间怨声载道。最终，"打衙蠹"的民变燃遍四川。这些刻有"廖大亨"之名的银锭，是否就是当时征收的银两？陈士奇，崇祯十五年（1642）出任四川巡抚，有一次因为打胜仗获赏三万两白银。那刻有"陈士奇"之名的银锭，是否就是他当时所获的赏赐？这些文物上的蛛丝马迹，反映的正是明代四川深刻的社会背景。

考古发现历史

江口的考古发现，除了能够与史书记载及民间传说相印证之外，更重要的是让我们认识到了一些之前并不了解的历史，尤其是关于张献忠大西政权的历史。江口沉银遗址中发现了张献忠用来册封嫔妃的金册，尺寸上比明代的金册略小。从册文来看，作为大西国皇帝的张献忠，参照古代的"九嫔"制度，建立了一套属于自己的册封妃嫔的体系，这是我们第一次对大西政权的后宫制度有了较为清晰的认识。

江口沉银遗址中还发现了上百枚金、银材质的"西王赏功"币。"西王赏功"币是中国钱币史上一种特别珍贵的钱币，但却不是流通货币，其功用类似于军功章，根据功劳大小，可以分别赏赐金币和银币。这类钱币，存世量异常稀少，对其真伪也一直存有争论。江口发现的"西王赏功"币，是第一次通过考古工作证实了这类钱币的真实存在。其为张献忠铸造，也就此成为定论，填补了我们对大西政权赏功制度认知的空白。

思媚用册為修容朕德次嬪
嫱匪由愛掞兹月和集内教
以光欽哉

江口沉银遗址出水的金册及拓片

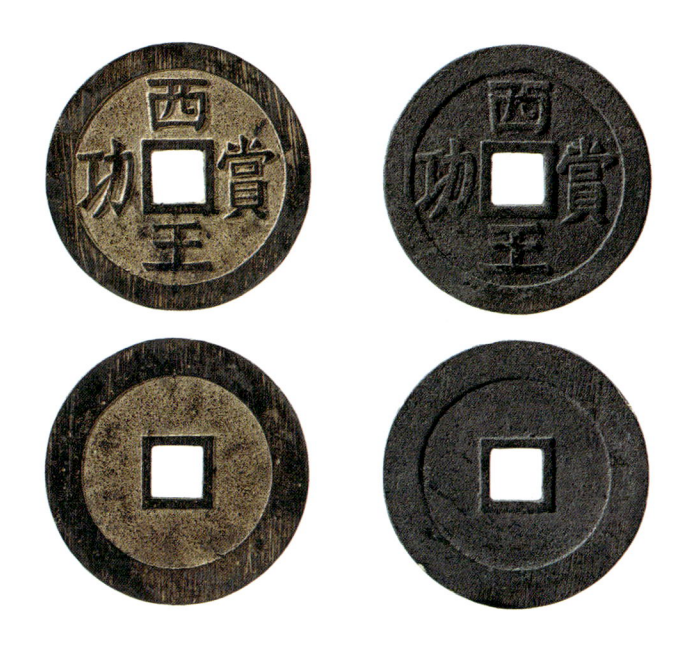

江口沉银遗址出水的"西王赏功"金银币

    江口沉银遗址出水的银锭，还有助于我们认识张献忠大西政权的财政来源和统治范围。在这次考古发掘之前，我们对于大西政权的财政制度基本上不了解，因为历史文献里面没有相关的记载，所以我们下意识地认为张献忠没有建立一个稳定的政权，也不会有税收体系，他的军费及日常运转所需资金完全来自掠夺。江口考古发掘出水的属于大西政权的银锭，彻底改变了我们的认识。这些银锭上除了铭刻有"大顺元年""大顺二年"这样大西国的年号以外，还清楚地记录了这些银锭的铸造地点和税收种类。比如灌县粮银五十两，是都江堰地区将田赋折合成白银缴纳的田赋税银；眉州粮银五十两，是大西政权

四川灌县粮银五十两及拓片

向眉山地区征收的田赋税银;温江县军饷银五十两,是大西政权向温江地区征收的军饷银;此外,还有来自绵竹县、双流县、汉州和邛州等地的银锭,这些银锭的发现说明张献忠大西政权曾建立了税赋制度,而银锭上的地名同时也透露了大西政权的实际控制范围。从发现的大西政权银锭上的铭文来看,这些银锭主要来自双流、新津、广汉、彭州、邛崃等成都周边的区县,这说明张献忠的大西国政权曾仿照明朝的财政制度进行收税;同时也说明张献忠当时能够稳定控制的区域可能主要集中在川西平原这一块，而并不是我们惯常所理解的那样——他完全掌控了整个四川地区。

江口发现的银锭除了对我们认识大西政权的财政体系有帮助以外，同时也为我们研究明代晚期的货币流通体系提供了珍贵素材。明朝末年，一边是海关解禁，对外贸易繁荣，大量白银涌入中国；一边是各地农民军揭竿而起，关外女真族虎视眈眈；当时国库空虚，无饷抗敌。要想洞悉这个扑朔迷离的时代，就需要先弄清楚明代的白银经济，江口沉银遗址发现的大量白银为我们洞悉这段历史开了一扇窗。这些白银，到底是本土银矿开采，还是海外贸易流入？这是我们首先要解决的问题。如果这些白银是由海外流入，那么在进入中国以后，流通的路径到底是怎样的？事实上我们也并不清楚。为了解决这些问题，我们通过现代科技手段对江口沉银遗址发现的白银进行检测分析。从初步检测的数据来看，江口发现的白银与南美及日本银矿的地球化学数据有着比较明显的差异，这种差异很可能代表至少有一部分白银是我们本地的矿源。由此我们推测，明代晚期可能确实有很多海外的白银从东南沿海流入中国，但是它们并没有流入内陆地区，而是主要在沿海地区流通或者用于手工业生产，比如流入江西、福建等地的瓷器生产中心。如果真的是这样，那么说明在明代晚期，广东、福建等沿海地区虽然获取了大量来自海外的白银，但却未能与广大的内陆地区形成经济的内循环，明代经济的国内贸易也许并不通畅。相信通过进一步的分析，还能得出更多新的科学认识，这对明代经济史和世界近代史的研究有着非常重要的意义。

2017 年 8 月 17 日　　星期 四　　天气 晴

真是意外惊喜的一天。今天我们来到了彭山区看守所，这里可不是什么人都能随便进来的。我们在大门口交了手机，领了出入证，然后在公安干警的带领下，穿过了几道大铁门，又走过了几道小铁门，这才最终抵达了我们的目的地——一间之前曾用于关押罪犯的房间。第一次走进看守所的同事们眼中满是新奇，这也的确算是人生中一次很特别的境遇吧。当然，我们来这里的目的并不是参观看守所，而是要协助彭山区文物保护研究所整理公安追缴回的江口文物，以便顺利完成移交。公安追缴回的江口涉案文物有上千件之多，其中定了级别的珍贵文物就有上百件。由于这些文物的价值确实太高了，考虑到安全问题，彭山方面就暂时把它们放在了有公安和武警把守的看守所。在这间房子里，已经完成定级的珍贵文物被放在了囊匣之中，更多的还没有做过鉴定的文物，则被堆放在了几个大的塑料整理箱里。我们这次来的任务，就是对它们进行整理、分类、登录和初步鉴定。

在整理工作进行的过程中，一件文物引起了我的注意。这是一片金册，从外观上看，与我们考古发掘出水的金册极为相似。在通读上面錾刻的文字后，我真正体会到了一次什么叫作"踏破铁鞋无觅处，得来全不费工夫"。在今年的考古发掘中，我们曾发现了一片金册，册文为："翊铃年已长成，特封为荣世子，授以金册，其允服诗书，惇叙忠孝，永承藩辅，用副来来，钦哉勿怠。"从内容上来看，这明显是一副金册的第二片，但是第一片会在哪里呢？在整个考古发掘结束后，我们都没有任何头绪和线索。眼前这片由公安追缴回的金册，册文是："维嘉靖四十五年岁次丙寅四月壬戌朔二十一日壬午，皇帝制曰：朕惟亲王之子，长者立为世子，此太祖高皇帝之制也。朕祗承天位，率由旧章，荣王嫡第一子翊"，从内容来看，这正是我们苦苦寻找的那一片金册。这片金册的最后一个字是"翊"，我们考古发掘出水那片金册的第一个字是"铃"，两字连读"翊铃"，正是明朝封于湖广常德的第三代荣王的名字。这副金册，是荣王朱翊铃在嘉靖四十五年承袭世子位时受封所得，后被张献忠的农民军抢走，并随着他的船队于300多年前沉在了岷江水底。3年前，其中的一片又被犯罪分子从江底盗走。没想到3年后，这副金册因为我们的考古发掘和整理能够再次相聚，这真有点"破镜重圆"的感觉了。

考古君科普

田野考古与传世文献

自20世纪20年代王国维提出将"地下发现之新材料"（考古发现）与"纸上之材料"（传世文献）二者互相释证的"二重证据法"以来，田野考古与传世文献的关系被大家广泛关注。目前看来，石器时代考古与传世文献关系不大，但是进入夏商周，尤其是秦汉以后，要想增进对历史的理解、接近历史的真实，二者的结合是必不可少的。在开展历史时期考古研究时，考古工作者利用留存下来的古籍文献可以解决更多、更深入的问题，展现更丰满、生动的历史画卷。

在复原古代历史的过程中，考古出土实物资料和传世文献两者各有其特点和不足，他们是一种相互印证、相互补充的关系。考古出土的实物资料较为零散，所记录的往往是一个片段，且需要很长时间的资料积累方能形成体系，但它所反映的往往是当时平民百姓真实的信息，如使用的钱币、穿的衣服、吃的食物，以及生活中用到的碗、壶、杯等；传世文献记载的历史较为系统，但它所记录的主要是上层社会，且传世文献在流

传过程中存在传抄人抄错字、抄漏字的情况，再加上部分记载过于简略，增加了后人解读传世文献的难度。因此，考古工作者会在甄别史料真伪后，将考古出土实物资料和传世文献结合，深入探寻历史的真相。

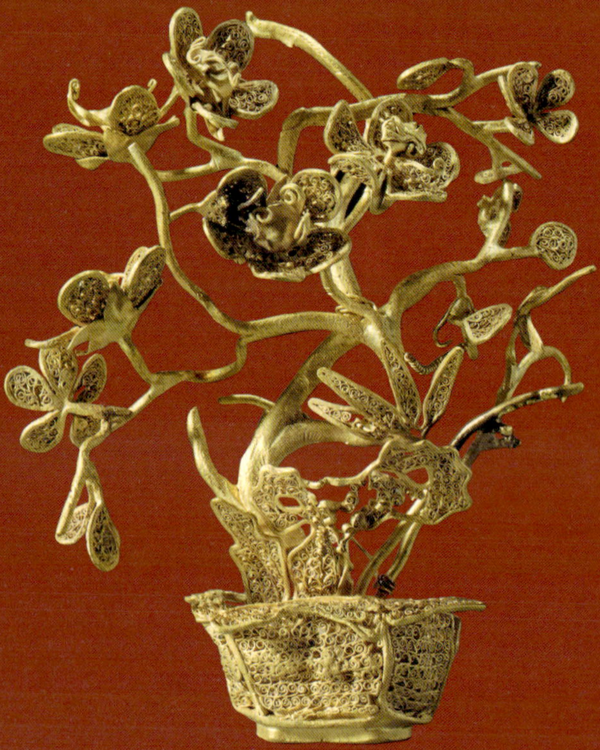

江口沉银
JiangKou ChenYin
考古手记

江口
考古队

✓ 在新闻报道上，考古现场热闹非凡，沉寂多年的江口从未像今天这样生机勃勃。这给许多人造成了错觉，仿佛考古并不是传闻中的"冷门"专业，而是媒体的宠儿、社会的骄子。

✓ 事实上，在世人大谈"文博热""考古热"的今天，考古基层依然存在人手紧缺的问题。当我第一次来到发掘现场的时候，整个队伍只有三个人。此情此景，堪称现代版"愚公移山"。能咋办呢？想办法呗！我们想方设法，发微博，开培训，招志愿者，广纳五湖四海的人们，组成了一支五彩缤纷、趣味纷呈的江口考古队。

初创时期的考古队

2016年底,江口考古队组建之初,只有三个人。一个是我,担任考古领队,领导还安排了两位女队员来协助我开展工作。不是单位的领导不想给我安排更多人手,他们也实在是"巧妇难为无米之炊"。我们单位承担了全省的考古发掘和文物保护工作,专业技术人员的紧缺自然成为老大难的问题。当时单位里就剩下两位女队员没出差了,领导就把她们全部都派到了江口,这已经是对我最大的支持了。人手紧张只是其中一个因素,更重要的原因是江口的考古工作与之前所有的考古工作大有不同,除了需要创新考古工作方法,到底需要使用多少钱,应该安排多少人,大家心里也都没数。

随着考古调查工作的开展以及围堰考古工作方案的确定,我发现光靠三个人是根本无法完成这次发掘任务的。江口的考古工作是一个系统工程,我们既要达到抢救江底文物的目的,又要保证这是一次科学的考古发掘。要完成上述两个目标,其实并不容易,必须多支团队相互配合,同步开展工作。就这样,许多平时完全没有交集的人,为了共同的考古事业,最终走到了一起。

为了组建考古发掘技术团队,我们面向全国招募考古志愿者和实习生,他们大多是来自国内外各大高校的本科生和研究生。这一行为在国外被称作Public Archaeology，译为公共考古或公众考古。它关注考古学与社会、公众的关系，把考古学研究纳入更广阔的社会、历史、政治、经济、伦理等背景中。尊重公众的文化权利，与公众共享考古成果，是其中的一项重要内容。招募考古志愿者和实习生，即能扩充发掘团队，也能为公众提供接触考古学的窗口。在本次招募中，志愿者组主要面向没有田野考古发掘经验的在校学生，实习生组则主要面向参加过考古发掘的考古、文博等相关专业的研究生和本科生。

同时，我们也在四川省文物局的支持下，在江口举办了"全省考古技术与博物馆管理研修班"，将分散在四川各地的基层文物考古工作者集中起来，共同来参与江口的考古发掘工作。

为了保证江口发掘的科学性，我们组建了专门的科技考古团队。这支队伍由国内多家高校的科研人员共同组成，包括电子科技大学、华东师范大学、四川大学、北京科技大学、北京大学和西北大学等。他们从各自不同的学科角度，为考古发掘工作提供科技支持，解决了考古发掘过程中遇到的科学问题。

为了保障考古发掘的工作进度，考古现场周边的本地居民便成为考古队最离不开的群体，他们主要承担发掘过程中清运土方的工作。经过培训、经验老到的考古工人，更是考古工地上的"香饽饽"。对于江口考古发掘中需要的工人，我们同样采取就近招募的策略，许多江口镇的本地居民都亲身参与到了这项考古工作之中。他们在现场见证了祖祖辈辈口耳相传的张献忠宝藏传说，在考古工作者手中，在他们自己的眼前，一点点地变为现实。

除了直接参与考古发掘的工作人员，现场还有负责文物安全工作的彭山区公安分局，负责考古现场防疫工作的彭山区疾控中心，负责围堰施工工作的彭山区水务局和砂石资源管理办公室，负责后勤保障和协调工作的文广旅局等。形形色色的人，用不同的方式，为江口的考古工作贡献着自己的那份力量。

第一期考古队合照

招募**考古志愿者**

招募考古志愿者，一方面是缘于江口考古发掘人手的极端紧缺，另一方面，开放考古现场，让公众真正走进考古，也是我一直以来的愿望。因此在正式发掘之前，我考虑可否像其他行业一样，借助社会力量，充分发挥志愿者的作用，来解决工作中所遇到的人手紧缺问题。同时，也可以利用这样的模式，来引发社会和公众对考古工作的广泛关注，构建公众与考古之间的桥梁，为公众接触考古、了解考古和参与考古提供机会。

我们抱着尝试的心态，在互联网上发布了关于江口考古招募志愿者的公告。公告中对志愿者的服务时间、年龄及学历进行了限制，并根据工作的实际需要，提出了相关技能方面的要求。招募公告一经发布，就在微博和微信等新媒体平台上得到了迅速的传播，最后仅在微博端的点击率就超过了60万，可见公众对于考古发掘以及参与考古发掘有着极高的热情。最后，我们总计收到了志愿者报名表600余份，并录取了其中的6人，他们分别是来自北京的高旭阳，来自四川的何佩瑶、陈华韵、王雅，来自甘肃的白航和来自河北的刘洁。

入选的志愿者们来到江口后，我们对他们进行了岗前培训。培训的内容包括江口沉银遗址的历史背景、明代文物的定名、文物绘图、文物摄影、《中华人民共和国文物保护法》和《田野考古工作规程》等相关知识。针对江口沉银遗址的特点，我们根据工作内容进行了精细化分工，包括发掘、测绘、摄影、资料录入、文物保护、后勤保障和宣传讲解等多个工作组，每个工作组由3—5人组成，不同的组员之间和不同的工作组之间按照流程协同工作。由于专业背景和工作内容不同，彼此之间既可相互学习，也可相互监督。培训结束后，我们根据志愿者的特长，将他们编入不同的工作组。志愿者与考古队员同吃、同住、同工作。在工作之初，主要采取以老带新的模式，使志愿者尽快熟悉工作节奏，融入工作环境。经考核合格后，就开始独立承担相关工作。第一批的6位志愿者在摄影、资料录入等岗位上充分发挥了自己的作用，工作完成度远超预期，这就更加坚定了我们招募志愿者来参加考古发掘的信心。

在之后的几次发掘中，志愿者已经成为江口考古不可或缺的力量。我们最初设想的通过招募志愿者让公众真正走进考古的目的，得到了实现。参与江口考古的志愿者在服务期内，不仅学习了考古的相关理论、方法和技术，更明白了考古之于文化遗产保护的重要意义。志愿者陈华韵离开江口前说的一段话令我至今印象深刻，她说："考古确实是一个经常被误解和质疑的行业，我原来对考古也有一些偏见，但是待在江口的这一个月，彻底改变了我的看法。这是一段难忘而又快乐的考古时光，在这里我们每个人都很辛苦地做着自己感兴趣的事，虽然可能被误解，也可能会面临来自社会上的谩骂，但是我们所坚持的事是有意义的。"

志愿者工作现场

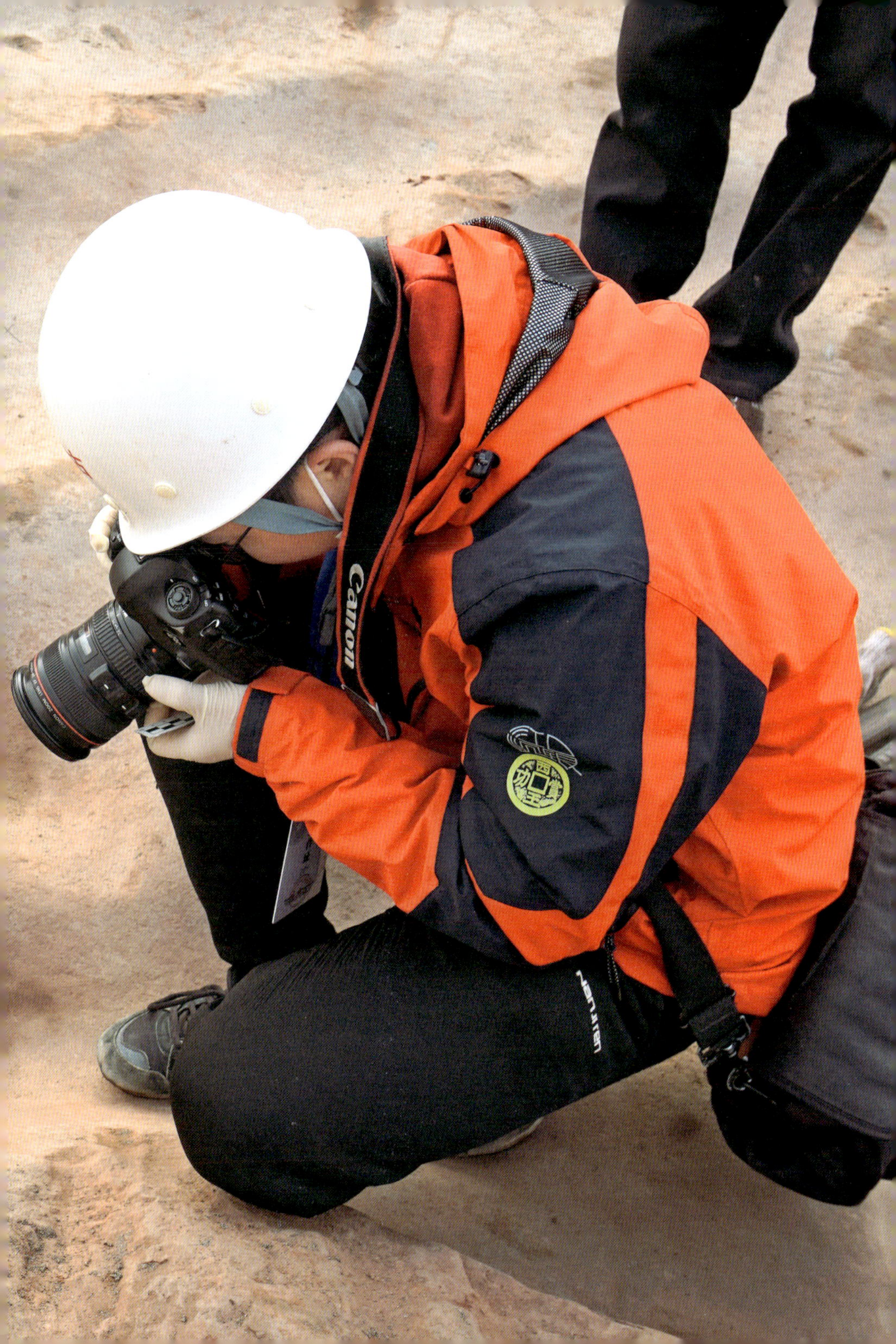
Canon

江口考古队的那些人

考古队需要常驻在考古遗址附近，以便于长期发掘。因此，考古队赶赴当地后，需要先行解决队伍的住宿、饮食、生活日用等各方面的问题。在确定驻地，开始发掘后，考古队内部又会进行分工，队员各司其职，保证队伍和发掘工作的平稳运转。

周羿杨和李会就是最早一批被安排到江口，配合我开展工作的那两位女考古队员。最开始，由于只有我们三个人，所以彼此之间就没有什么分工，也根本没办法做到细致专业的分工。别管什么事情，大家都只能一起做。比如在村里找到能住的房子，买了折叠床和床上用品，这样才能不"露宿街头"；然后要在村里找到一个会做饭的老乡和能买到菜的地方，这样才不至于饿肚子……开辟一个新的考古工地与把家搬到一个完全陌生的地方，没有什么区别，甚至更复杂。好在周羿杨和李会两位同事在这方面比较有经验，两天之内就做到了让我们在江口吃住无忧。后来，随着江口考古队伍的不断壮大，她们两个就分别去承担了库房管理和后勤保障的工作。

周羿杨学过管理，所以库房交给她再合适不过。经她一手建立起来的江口文物库房管理模式，被沿用至今。数万件的文物被她管理得井井有条，真正做到了随时可查找，随时能找到。发掘期间，每天都有数百件的新发现文物要进入库房，如果不是她的细心与负责，又怎么可能做到毫无差错？虽然我们经常"嘲笑"她是个吃完饭就不想动弹，需要立即上床躺平的人，但是在工作上却从未见她有过一丝的懈怠，也许她真是把所有的精力，都用在工作上了吧！

与周羿杨管理库房的工作相比，李会负责的后勤工作更为庞杂，里里外外都会看到她奔波的身影。她经常说，她的主要任务就是让大家吃"好"。一个"好"字虽然听起来很简单，但什么叫众口难调，也许她比谁都清楚。江口考古队最庞大的时候，超过了40人。这40人来自天南海北，从黑龙江到海南岛，从新疆到浙江，每个人的生活习惯和口味都不尽相同。最开始发掘的时候，我们的工作经费很紧张，但她总能在有限的经费里，变着法子给大家改善伙食。我知道这些钱都是她在买东西的时候和人家讨价还价，一元一角省下来的。总之有她在，我们从来不用担心自己的肚子受委屈。也正是因为有她在，大家不管怎么辛苦，只要吃上了可口的饭菜，也就觉得没那么辛苦了。工地上的同事们，都习惯叫她"会姐"，因为她真的就像大姐姐一样，用心地照顾着每个人。

李飞和李瑞佳是第二批被院里安排来江口工作的同事。"二李"来到江口后，我的工作压力顿时小了很多。李飞是北京大学的高才生，毕业后曾短暂地在万科地产工作过几年，后来觉得自己还是更喜欢考古工作，就又回归了考古圈。他性格幽默，情商也高，自打他来到江口以后，之前那种紧张到令人窒息的工作气氛都好了很多，也给这支考古队平添了几分凝聚力。当然，他为我分担的具体工作还有很多，包括考古现场的管理、志愿者的培训和考古成果的宣讲等。无论工地上有什么疑难杂症，只要他出马，总能迎刃而解。与性格外向的李飞相比，李瑞佳则属于更沉默的那一个。他在江口主要负责人员和机械的管理，所以每天基本上都是第一个到达考古现场，最后一个离开。他工作的时候极认真且执着，虽然平时话不多，但总能说到最关键的地方。用网上流传的那句"人狠话不多"来形容他，还真是挺贴切的。

王冲和鲁海子是单位文物保护中心的同事，他们俩差不多和"二李"同时来到江口，但负责的主要工作是出水文物的保护和修复，这也是我第一次和文保中心的同事合作。他们在江口的工作，彻底改变了我对文物保护工作的认识。之前我一直认为考古发掘结束后，将破碎的文物修复完整就算是文物保护。但通过他们，我学到了什么叫预

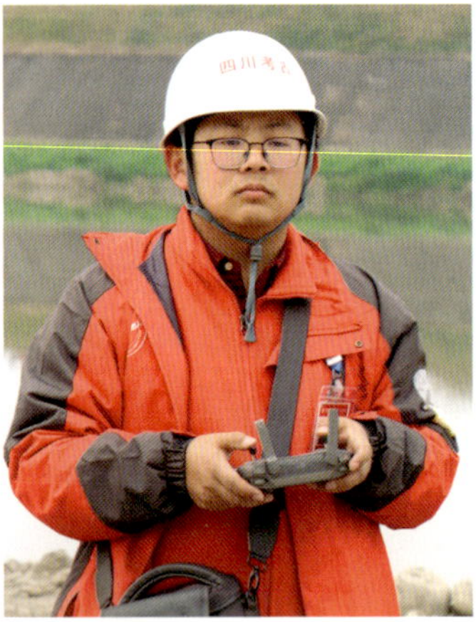
四川考古

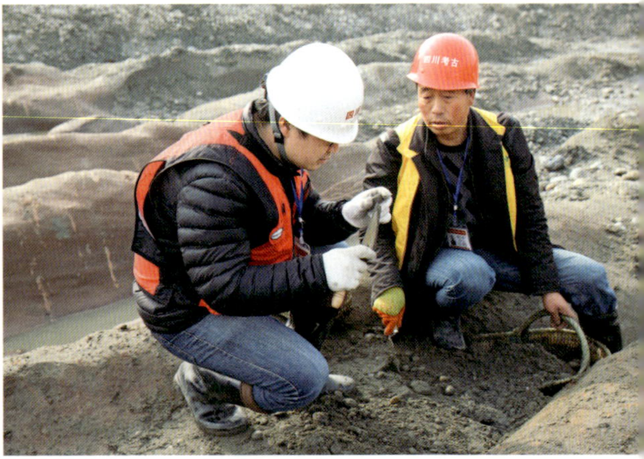
四川考古

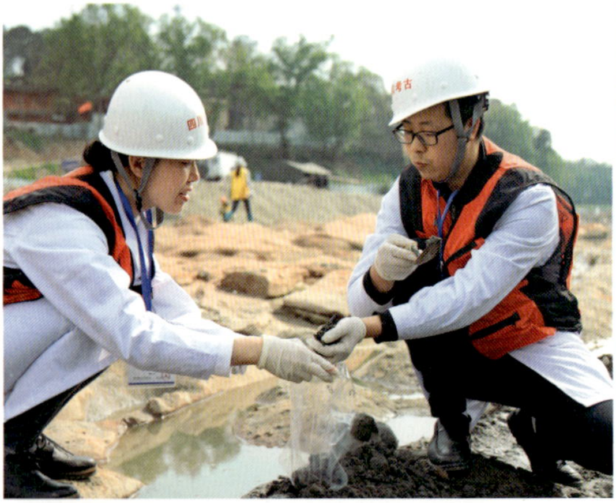

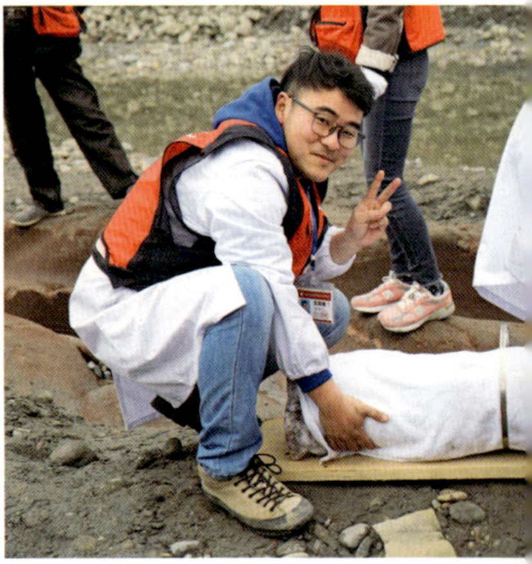

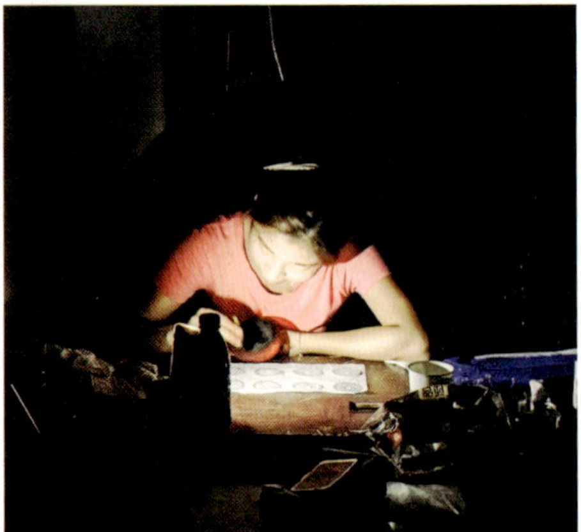

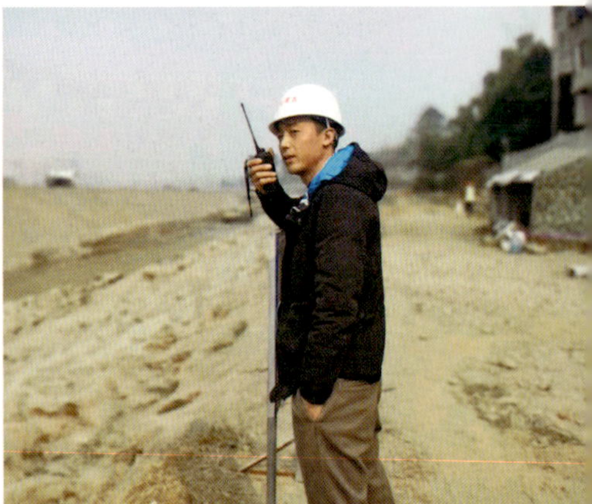

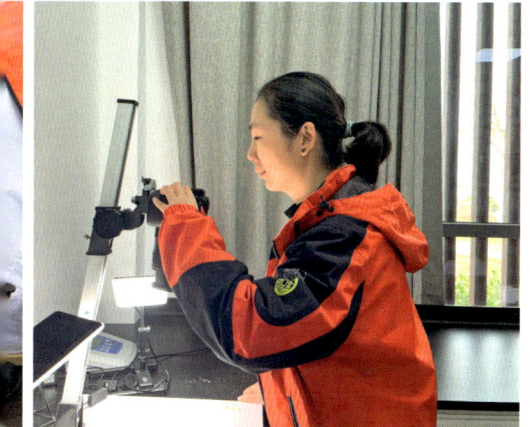

1	2	3
4	5	6
7	8	9

1 李瑞佳
2 李飞（左）
3 赵叔
4 王冲（右）
5 鲁海子
6 周羿杨
7 李会
8 杨帆
9 黄琳

江口考古队

防性保护、什么叫现场保护……有他们在，江口发现的木鞘等比较脆弱的有机质文物才能够在第一时间得到妥善的保护，我们今天才有机会在博物馆的展厅里见到实物；也正是因为有他们在，江口的出水文物才得到了最科学、最严谨的修复保护。2021年的10月，江口出水文物的修复保护工作凭借先进的理念和高超的技术，在全国93个项目中脱颖而出，得到了评审专家的一致认可，入选了"全国十佳文物藏品修复项目"，这也是江口继"全国十大考古新发现"之后，拿到的又一个"十大"。

后来，由于单位内部工作岗位的调整，周罙杨、李会、李飞和李瑞佳都先后离开了江口。黄琳和杨帆两个人来到江口，接替了他们的岗位，一直工作到今天。黄琳来到江口后，一个人接下了周罙杨和李会两个人的工作，大到出水文物管理，小到物资采购，从各项接待的细枝末节，到江口工作的整体运转，她都打理得井井有条，是名副其实的江口"大管家"。除了"大管家"这个身份以外，黄琳的另外一个身份是考古绘图师。她除了要管理好数以万计的江口文物，还要负责给这些国宝们绘制"肖像"。在她眼中，一幅好的考古绘图作品，能够让人一眼看出其形制结构和制作工艺，能够反映出历史留下的痕迹。她常说："考古绘图的过程，其实就是在和制作它的工匠，进行一次跨越时空的精神交流。"在她看来考古绘图不仅仅是一份需要完成的工作，更是一份传承与责任。杨帆则同时接下了李飞和李瑞佳两个人留下的工作，在考古现场，无论是工人还是同事，大家都喜欢叫他"杨总"，因为他每天要处理的事情实在是太多了。除了要管理好考古现场的机械和人员，他还要兼顾外围的水情和内部的安全，总之工地上大事小情，他都要考虑周全。他在工作中善于动脑筋，更善于与人打交道，所以有他在的考古工地，烦心事都会少很多。毕竟兄弟哥们那么亲热地叫着，还时不时递上一支烟，大不了再出去喝顿酒，搞得那些本想来考古现场闹事的人，也都碍于面子，不好意思再出现了。

赵叔是彭山当地的一名文物看护员，也是江口考古队的编外人员。他从事文物看护工作已经30多年了，曾经冒着生命危险与盗贼搏斗，被人用钢钎打破了头，幸亏后来警察及时赶到，才捡回了一条命。江口考古工作开展的几个月时间里，赵叔每天晚上都负责在考古现场值班，他最担心的就是岷江上游紫坪铺水库开闸放水。一旦如此，岷江水位必然增高，围堰的渗水量就会相应增加，给工地的排水带来困难。而一旦排水不及时，第二天整个考古工作的进度就会受到影响。这就意味着，每天晚上值班的人必须根据岷江的水位高低，来增加或减少排水的水泵。水泵少了，排水不畅，会导致发掘区被江水灌满；水泵多了，排水过快，会造成水泵的空抽，不及时关闭的话更会导致水泵被烧。最初，我们找过许多人来负责夜里的值班工作，但这些人不是坚持不下去选择离开，就是因为睡过头致使水泵出了问题，总之没有人能够胜任这项工作。幸亏我们有赵叔，他在了解情况后，主动要求承担这项工作，每天晚上就睡在一辆停在考古现场的车上。每隔一小时，他就要起来围着考古现场走一圈，看看水情，然后再检查一下每个水泵的工作情况。江口考古工地的正常运转，离不开赵叔的努力和坚持。而在赵叔眼里，他只是做了自己分内的事而已。赵叔嘴边经常挂着一句话："干一行就要爱一行，要做就要做巴适。"

参加了江口发掘的考古队员还有很多很多，在这里我没有办法一一记下每个人的名字。但是只要你来过，江口的山知道你，江口的水知道你，江口吹来的风知道你，江口围堰内的基岩上也留下了你们每个人的脚印。

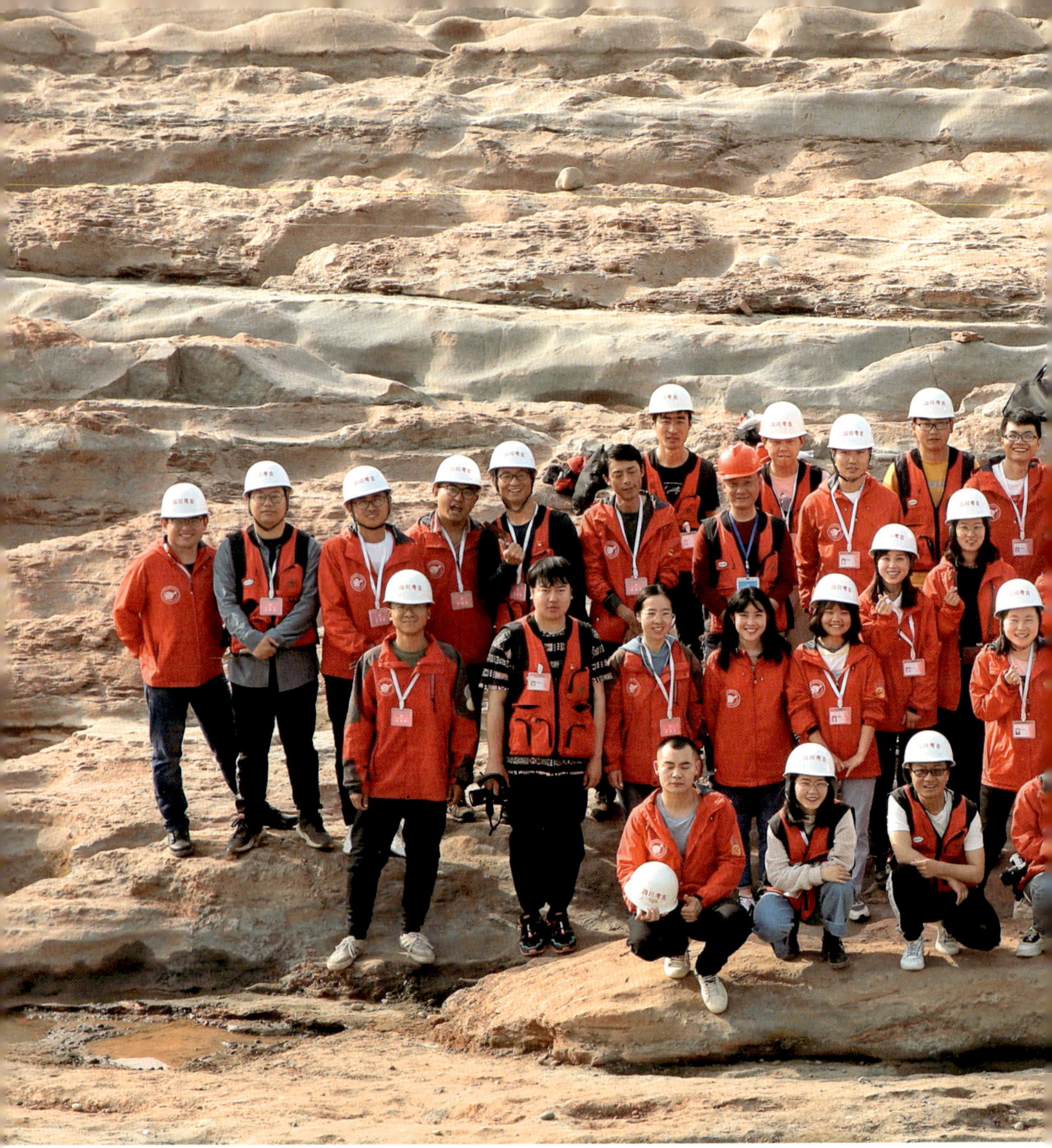

江口考古队大合照

江口考古队

江口沉银 考古手记 领队日志 JiangKouChenYin

2019年4月3日　星期三　天气晴

陈华韵是第一批来江口的考古志愿者，今天得知她已被中山大学录取为文物与博物馆方向的研究生，真的替她高兴。她本科学的是金融专业，就读于四川大学锦江学院，学校就在彭山，离我们的工作地点很近。她利用寒假时间来江口当了一个月的志愿者，寒假结束后，她本打算向学校再请一个月的假，但是学校没批准，她不得不在发掘结束前就提早离开了江口，为此她当时还大哭了一场。

回到学校后，她也一直关注着江口的考古工作，期间还利用周末的时间回来看望了我们几次。有一天，偶然听说她正在备考文博考古方向的研究生，我也没太当回事，因为按照时下社会的理解，金融专业那可比文博考古专业吃香多了。没想到她还真是敢想敢做，而且还做成了。从她身上，我看到了当下年轻人为了梦想敢于突破自己的闪光点，真的是有梦想就永远不会晚。于是今天，我们少了一位志愿者，却多了一个同行。

考古专业

考古君科普

在高校的学科设置中，考古学原属于历史学一级学科下的二级学科。2011年，考古学成为独立的一级学科。在教育部第四轮的学科评估中，考古学科获得A+评级的高校有北京大学和西北大学。国内高校中，考古学专业实力较强的还有吉林大学、山东大学和四川大学等。那大学里的考古专业学些什么呢？各高校考古专业根据自身特色，开设的课程略有不同，但主干课程通常都会包括旧石器时代考古、新石器时代考古、商周考古、战国秦汉考古、三国两晋南北朝考古、隋唐考古和宋元明清考古等。另外还有一些专门考古的课程，如体质人类学、动物考古、植物考古、陶瓷考古和冶金考古等。设有考古学本科专业的高校，一般会在大三的上学期组织同学们进行一次田野考古实习，时间一般为3—4个月。对于大部分考古专业的同学来说，这是一道分水岭，有的同学因为田野实习真正爱上了考古，也有的同学就此彻底放弃了考古。考古专业的同学们毕业后能做些什么呢？从就业的出口来看，主要是各类事业单位，包括考古所、博物馆和文物管理所等。近年来，随着考古行业的不断发展，社会上出现了不少考古技术服务公司，如考古勘探公司、考古测绘公司和考古绘图公司等，它们也渐渐地成为考古专业毕业生的一个就业选择。

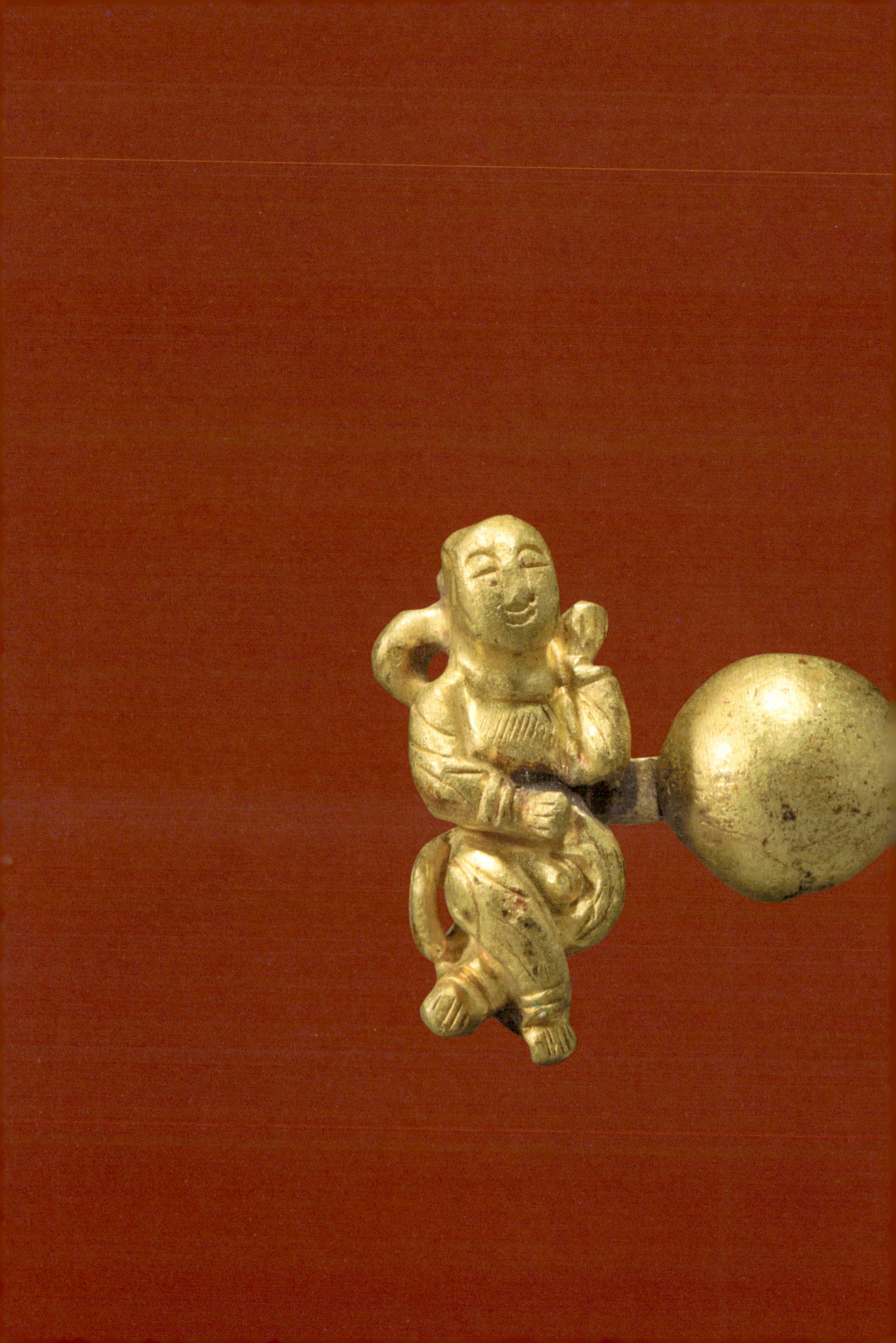

考古"包工头"的日常

江口沉银 JiangKou ChenYin 考古手记

- 与传统史学在书斋中皓首穷经不同,考古学是一门在田野中不断求索的学问。考古工作者,尤其是考古领队,不仅要与古人对话,更要与现实社会中形形色色的人打交道,从这个角度来讲,考古是最"接地气"的行业。

- 费正清先生因其出色的学术组织能力,被誉为"学术企业家"。考古领队若想在田野中把学问做好,那组织、协调的能力必不可少,可以算作是"学术包工头"。江口考古规模庞大,涉及的人和事更远胜于一般考古项目,想要当好这个"包工头",真是没那么容易。

对外联络协调

江口的考古发掘涉及与多个地方政府部门的协调工作。要想在岷江河道内施工，就必须取得当地河道管理部门的同意；围堰工程会用到砂卵石，要与砂石管理部门进行协商；发掘期间考古现场和文物库房的安保工作，需要当地公安部门的大力支持；当然更重要的是要与当地的乡镇、村这些最基层的部门之间做到关系融洽，因为我们虽然是顶着省上下来开展工作的名头，但毕竟属于外来人员，很多具体工作如果没有他们的支持，就会遇到各种无法预料的困难。乡村不比城市，如果没有当地人的帮助，有的时候连吃、住、行这些最基本的问题解决起来都是困难重重，就更别说开展工作了。

与协调政府部门的工作相比，协调当地村民的工作就更复杂了。因为村民的文化素质参差不齐，很多人甚至连什么是考古都搞不清楚，往往将考古队视为施工队，将考古领队当作大老板。很多时候，考古队去野外开展工作，就像唐僧去西天取经，每到一个新地方，妖魔鬼怪就会纷纷现身，各个都想吃一口唐僧肉。初到江口的时候，我们自然也遇到了同样的问题。临时占地的补偿、江边的青苗赔偿、参加发掘的民工工价，三个问题个个都遭到了当地村民的狮子大开口。我们动之以情、晓之以理，不厌其烦地告诉他们考古不是为了赚钱，考古的经费有多么紧张，坚决地在自己与开发商老板之间划清了界限。加上我们长期住在村里，每天低头不见抬头见，慢慢地取得了当地村民们的信任，最后才把压在考古队头上的这三座大山给搬走了。

任何行业都需要宣传，宣传做得好，才能得到更多的关注和支持，考古这个小众行业更是如此，但是考古行业有着本身的特殊性，所以与媒体之间的关系一直很微妙。多年前，考古队之间就一直流传着"防火、防盗、防记者"这样的说法，这种说法具体出自哪支考古队现在已经无从得知，不过从中确实可以看出，如何与媒体相处，一直是令考古领队比较头疼的事情。从我个人的体会来讲，考古领队"害怕"记者可能主要有两个原因：第一是因为考古的专业性较强，一般的记者没有受过专业训练，所以在报道中经常会出现很多不严谨的地方。有些记者为了吸引流量，甚至还会加上耸人听闻的标题；更让人无法接受的还有部分记者为了显示自己新闻报道的权威性，会冒用领队的名字，冠以某某领队说，而事实上领队压根就不知道有这回事儿。第二是记者报道的节奏如果不能与考古工作协调一致，往往会给考古工作本身带来一定的麻烦。有的时候考古发掘还没结束，新闻报道就出去了，不光会吸引大量有好奇心的人前来围观考古现场，给考古队员增加额外的工作负担；而且说不定还会引起盗贼的注意，给文物安全带来隐患。

为了既能顺利开展江口的考古工作，又能及时宣传江口的考古成果，我们与媒体之间协商，采用定期召开新闻通报会的形式，向媒体和公众发布江口的最新考古发现。这种形式，看似完美地解决了考古工作与媒体报道节奏不一致的问题，但在具体执行的过程中，还是出现了意外。我们本来与媒体已经约定好将于2017年的1月5日在彭山召开江口沉银遗址发掘启动的新闻通报会，但是在2016年的12月26日，某媒体驻眉山记者站的记者就利用无人机偷拍考古现场照片，以"张献忠江口沉银遗址挖掘启动系四川首次水下考古"为题，抢先报道了发掘启动的新闻，这给我们既定的工作安排带了巨大的麻烦。从这条新闻报道出来的那一刻起，我的手机就再也没消停过，遭到了各路媒体的狂轰滥炸，一致谴责我"背信弃义"，给这家媒体独家新闻，我当时真是百口莫辩。不过好在媒体朋友们骂过了，气也消了，后来还是按照我们约定的时间对江口沉银遗址发掘工作的启动进行了报道，并取得了不错的效果。至于前面我提到的报道不专业问题，在江口考古的新闻中倒是极少出现，因为我们很幸运地遇到了一批优秀的新闻媒体人，如央视新闻频道的田云华、新华社四川分社的童方、四川日报社的吴晓玲和封面新闻的曾洁等，都是极为专业的考古跑口记者，她们写出来的考古新闻兼具科学性与可读性，对江口考古成果起到了很好的普及和传播作用。江口的考古成果最后能够成功出圈，并在社会上引起巨大轰动，她们绝对功不可没。

对内组织管理

江口考古队由多支工作团队共同组成，包括了工程施工、现场发掘、科技支持和后勤保障等。江口考古队就像一部巨型机器，不同的队伍和不同的人都是组成这部机器不可或缺的零部件，而考古领队就像是润滑油，要保证这部机器的零部件不生锈，并且高速运转。

在江口考古工作的初期，施工队与发掘队之间经常会出现一些小摩擦。施工团队还在做围堰收尾工作的时候，发掘团队为了抢时间已经进场。二者的工作区域会有部分的重合，这个时候就需要考古领队协调二者的工作次序，避免大家在现场出现争执。

当江口考古现场开始出现文物以后，科技团队陆续进场，这个时候如何组织发掘团队与科技团队协同开展工作，是考古领队必须要面对的问题。出于安全的考虑，发掘团队要求当天发现的文物必须当天提取并送入文物库房，而科技团队为了在现场提取更全面的文物信息，往往很难在文物发现当天就完成全部工作。是加班提取？还是派人值守？考古领队需要合理安排。

在发掘过程中，发掘团队不同工作组之间的运转，也需要考古领队进行组织和管理。发掘团队内部分为发掘组、测绘组、摄影组和资料组等，他们之间是否能够做到无缝衔接、默契配合，是影响考古工作效率高低的关键因素。江口的考古工作，尤其是现场发掘工作，基本上是流水线作业，一个环节出了问题，就会直接影响到其他几个环节，所以各个工作组之间配合的默契程度至关重要。为此，我每周都

考古团队工作例会

要召集各个工作组的负责人开碰头会，一起讨论在工作过程中遇到的实际问题和解决方案。经过一段时间的磨合和改进，最终大家找到了相互配合开展工作的最佳模式，在后面几期的考古发掘中，这种工作模式也一直被沿用。

除了现场的工作团队以外，后勤保障团队也是江口考古的重要组成部分，他们面临的工作更多也更杂。安排吃饭、住宿、采购、接待这样的工作，很多时候需要与现场的多个团队进行对接。如若沟通不畅，就很容易导致工作脱节，造成物资采购不及时、吃饭时间不准时等。一旦出现这样的状况，现场工作团队满腹的牢骚，那是少不了的。为了解决这个问题，我要求现场团队负责人要与后勤保障团队及时进行沟通，不搞突然袭击，要尽可能地给予他们充分的准备时间。对于那些无法避免的突发事件，大家则要相互理解，共同克服困难。经过合理的组织协调，后勤保障团队的工作质量显著提升了，现场工作团队的抱怨声也基本上没有了。团结和谐的工作氛围，对于江口考古最后能够取得成功，绝对是不可忽视的因素。

特别的婚礼

2017年4月7日的深夜，江口考古工作站里的考古队员们都还在忙碌着，但是和往日紧张的工作气氛有所不同，今天的他们看起来轻松又愉快。有的人在拉横幅、有的人在系彩带、有的人在吹气球……他们此刻正在筹备着一场特别的婚礼。这场婚礼的主角是李飞，而策划人是高大伦院长。其实李飞的婚礼一个月前就已经在成都办过了，刚刚从国外度完蜜月回来的他，在高院长的劝说下，决定在工地重新举

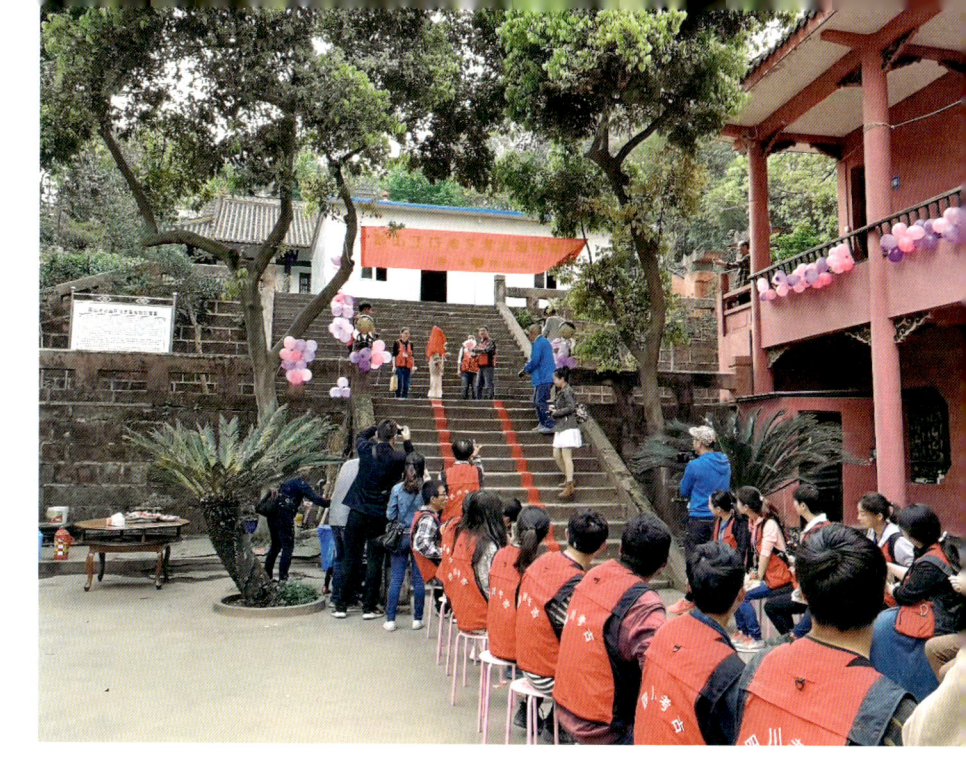

特别的婚礼

办一次婚礼，因为高院长认为举办工地婚礼，既有利于对考古人形象的宣传，也更能吸引社会公众的关注，是个一举两得的事情。那段时间里，大家都在拿李飞开玩笑，说他刚刚结婚，这就马上又要"二婚"了。但是不管怎样，考古队员已经在工地上辛苦工作了几个月，如能借这个机会热闹和放松一下，那既是喜事，也是好事。

4月8日上午的10点48分，李飞的"婚礼"如期在江口汉崖墓博物馆的院子里举行，高大伦院长亲自担任婚礼的主持人。高院长先把新郎李飞安排在考古现场，把新娘何舒灵安排在博物馆的厨房，一切准备就绪后，他通过对讲机向考古现场喊话，通知李飞迅速返回婚礼现场。与此同时，伴娘领着蒙上了红盖头的新娘进入婚礼现场，氛围感满满。

在新郎掀起新娘的红盖头之后，高院长向二位新人赠送了我们单位自主研发的三款文创产品，"鼠标垫""围裙"和"桌布"，美其名曰"进得了书房""下得了厨房"和"出得了厅堂"。接下来是二位新人互赠礼物的环节，一架被高院长编号为"CA520"的无人机飞到了新人上方，新娘取下一把手铲，送到新郎李飞的手中，勉励他要拿到中国考古的最高奖"田野考古奖"。李飞取下的则是一套江口考古发掘出水的精美金银首饰的照片，照片上也是三件套：金镯子、金项链和金耳环，寓意要将自己的工作成果献给新娘何舒灵，仪式感满满。

婚礼仪式的最后是高院长的致辞环节，他说："新郎来自山西，古时称为晋；新娘来自四川，古时称巴蜀，战国晚期被秦国所灭后，巴蜀归于秦。因此，两人的结合，也堪称是秦晋之好！"高院长又说："新郎属虎，新娘属蛇，蛇也是小龙。二人的属相正好对应了张献忠沉银传说中的民谣——石龙对石虎，金银万万五。"高院长最后寄语二位新人："小龙对小虎，金银万万五。你们识得破，买进成都府。"预祝他们能够财源广进，发家致富。

仪式结束后，五桌坝坝宴在院子中间依次摆开，红烧鱼、凉拌鸡、东坡肘子……这可都是考古队大厨"周叔"的拿手好菜，考古队员和记者来宾们共同举杯为二位新人祝福。一场特别的婚礼和一顿久违的大餐，让辛苦工作了四个月的考古队员们有了难得的放松机会，也给参加那次发掘的所有人留下了一段难以忘怀的记忆。

疫情下的江口考古

2020年1月10日开始的江口第三次考古发掘，按照计划，将在春节前完成遗址表面覆盖砂石层的清理工作。考古队员们满心期待春节后，能回到江口继续开展全面发掘，突如其来的新冠疫情打了我们一个措手不及。由于疫情蔓延，全国各地都在推迟节后的复工时间。江口考古发掘是否按时复工，让我们陷入了两难境地。疫情当头，上百人聚集开工的隐患不言而喻，但是岷江枯水期的时间有限，如果不能及时复工，那在汛期来临前我们就无法完成当年的发掘任务，前期的巨大投入将付诸东流。思忖良久后，我们冒险做出了一个重要决定——如期复工。

2020年2月3日第一次工作例会

我把归队的消息发给了江口考古队的7名骨干，他们在收到消息后，没有迟疑，也没有怨言，全部在第一时间回到了江口。"感动"两个字已经不足以表达我当时的心境，如果非得要用文字来形容的话，我想那种感觉应该是"同生共死"。所以在这里，请容许我记下他们的名字：黄琳、李瑞佳、罗元香、佘志强、严少博、何佩瑶、刘佳丽。

我们是全国第一家复工的考古工地，作为领队，我身上的压力前所未有。2020年2月3日，我们8个人举行了回到江口后的第一次工作例会。大家戴着口罩，在驻地的院子里围成了一个圆圈，相互之间的距离较远。为了能让大家听清楚自己的发言，每个人都不得不提高了嗓门、放大了音量。在这次会议上，我们讨论并制定了具体的复工方案和防疫措施。其实当时的疫情还不明朗，对新冠病毒的认识也远不如现在这么深入，我们也只能是根据收集到的所有信息，做了我们能想到的以及在现有条件下能做到的防疫措施。

2月5日，在做好准备工作后，我们迎来了复工。为了减少人员的聚集，我们采取了轮班制，值班的工作人员在递交疫情承诺书、测量体温之后，才能进入考古现场。在大家的共同努力下，江口的考古发掘终于重新启动了。除了考古工作受到疫情的影响，考古队员的日常生活在那段时间里也遇到了巨大的困难。负责后勤的黄琳和潘阿姨不得不想方设法来解决大家的吃饭问题。在此期间，也曾出现两名工作人员发热，送到医院后被确诊是普通感冒，总算是有惊无险。

3月2日，疫情有所缓解后，数十名民工在做好健康保障的基础上，返回发掘现场，考古进度得到了大幅度的提升。4月28日，江口沉银遗址的第三次发掘顺利结束。第二天，就在考古发掘现场，四川省人民政府新闻办公室向社会通报了本年度的考古工作成果，当时引起了巨大的反响，算是给疫情下略显沉闷的社会注入了一针强心剂。

这一次的考古发掘是这三年里最困难的。春节期间新冠疫情来袭，大部分行业停工停产，江口发掘也同样受到了巨大冲击。但是时间不等人，洪水不等人，汛期来临之前必须完成发掘，第一时间复工无疑是冒了一定风险的。考古学家是需要有一点冒险精神，这种冒险如果是为了抢救文物，那无疑是值得的。

考古也从来就不是一个人的事，而是需要整个团队紧密配合、无间协作。2020年度最重要的发现——"蜀世子宝"金印在发现时已经碎成了四块，分布在三个不同的区域。前两块是同时被发现的，当第三块被发现的时候，我已经觉得运气足够好，而当时恰恰缺失的就是能够证明金印身份的那块"蜀"字。在搜寻三天无果后，其实我的心里已经不再抱有任何希望。但是我的团队并没有放弃，而是一寸一寸地继续向前发掘。终于在半个月后，在距离第三块20米远的地方，发现了这块"蜀"字金印。当把四块金印拼合在一起的时候，我的手在颤抖，不仅仅是因为金印本身的重量，更因为它所承载的那份历史的厚重。

第三期考古发掘成果通报会

2020年 2月 2日　星期日　天气晴

大年初九。吃过中饭，到单位领了口罩，驾车从剑南大道返回彭山。一路上遇到两次设卡测量体温的交警和防疫人员。一个检查点在出成都的位置，另一个检查点在进彭山的位置，彭山这边检查得更为严格，连车后备箱都要打开查看，那些体温超过正常值的司机被安排到路边排队，等候处理。

我比较顺利地通过检查点，到了彭山后直奔文广旅局，和李局长见面后，又电话通知彭山区文研所的吴天文所长来对接年后工作。我们以省考古院和区文研所的名义给江口沉银保护利用领导小组写了复工报告，并附上了疫情防控工作方案。考虑到复工的时间无法确定，而工程结束的时间不可更改，我又追加了一份发掘工作的应急预案。

2020年 2月 5日　　星期三　　天气阴

　　复工的第一天，天气阴沉。一早，我来到现场，机械驾驶员已经聚集在门口，等待进场。看到这么多人，我内心隐隐担忧，把体温测量枪拿给了入口站岗的警察，由他来给工人们测量体温。这支体温测量枪是彭山区文广旅局提供的，据说是费了很大的功夫才申请到的，上面没有中文标识，应该是从国外采购的。但这支仅有的体温枪，在测量的时候出现了状况，有两个工作人员的体温一直低于36度，也不知道是哪里出了问题。我赶紧安排罗元香回到驻地，拿来了水银体温计，给他们两个重新测量，显示正常。没多久，我听到了振动筛的轰鸣声，终于开工了，我的心也稍微踏实了那么一点。

考古君科普

考古项目负责人制度

《中华人民共和国文物保护法实施条例》第二十二条规定，考古发掘项目实行项目负责人负责制度。被评定为考古发掘项目负责人的考古工作者，经国家文物局批准后，可独立主持考古发掘。

考古项目负责人原称考古发掘领队,2016年根据《国务院关于取消和调整一批行政审批项目等事项的决定》(国发〔2016〕5号),取消了考古发掘领队的职业资格许可和认定,改称考古项目负责人。资格认定虽然取消,但是评定程序和工作职能基本保持不变。每年由各省文物局推荐,国家文物局组织评定,申请人须填报《考古发掘项目负责人申请书》,并具备本科以上考古学学历、学位(非考古专业人员须参加国家文物局田野考古培训班,并取得合格证书);同时要求申请人取得中级以上文物博物馆专业职称;正式发表田野考古发掘简报1篇和学术论文1篇。

附录一

江口沉银遗址出水文物

TOP 20

"蜀世子宝"金印

明 / 2020年江口沉银遗址出水

附录一

"永昌督理之印"银印

大西 / 2021年江口沉银遗址出水

永盛纹银壹佰两

咸丰伍年谷雨日造

"钦赐崇德书院"鎏金铜印

明 / 2022年江口沉银遗址出水

附录一

維嘉靖二十三年歲次甲辰十二月乙丑朔二十六日庚寅

皇帝制曰朕惟太祖高皇帝之制封建諸王以隆藩屏必擇賢女以為之配筴

金册

明 / 2017年江口沉银遗址出水

銀册

明 / 2017年江口沉銀遺址出水

附錄一

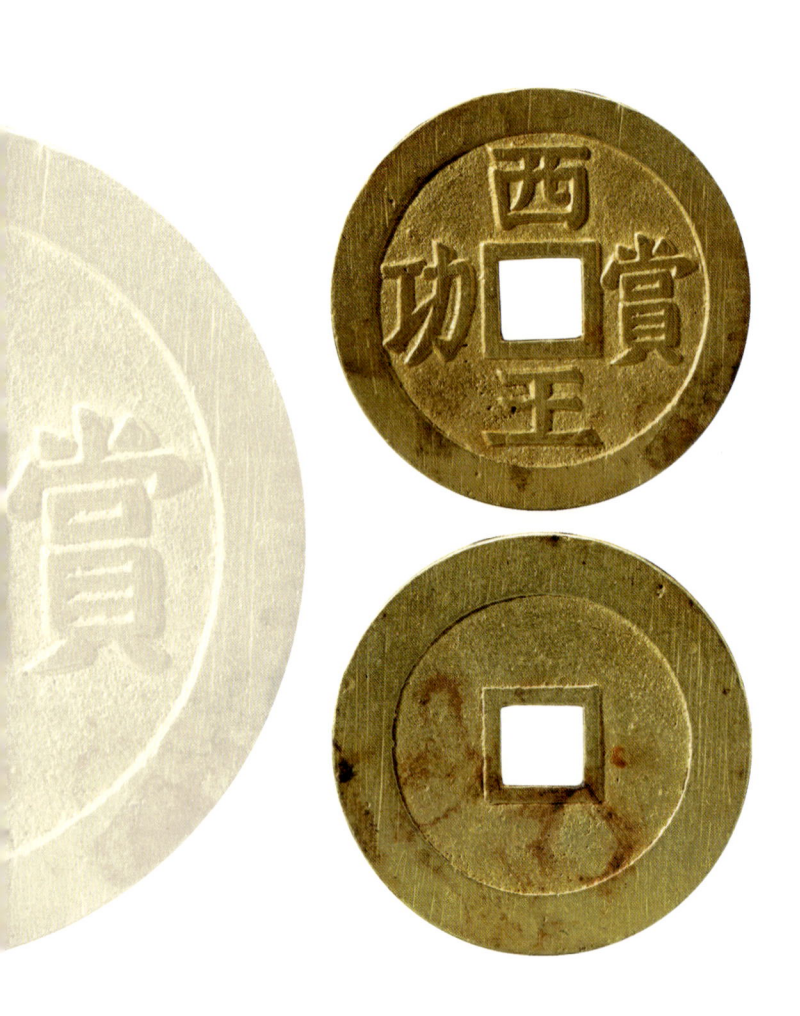

"西王赏功"金币

大西 / 2017年江口沉银遗址出水

"西王赏功"银币

大西 / 2017年江口沉银遗址出水

大顺通宝

大西 / 2017年江口沉银遗址出水

金锭

明 / 2017年江口沉银遗址出水

银锭

明 / 2017年江口沉银遗址出水

银锭

大西 / 2017年江口沉银遗址出水

金杯

明 / 2018年江口沉银遗址出水

金杯

明 / 2018年江口沉银遗址出水

金簪首

明 / 2017年江口沉银遗址出水

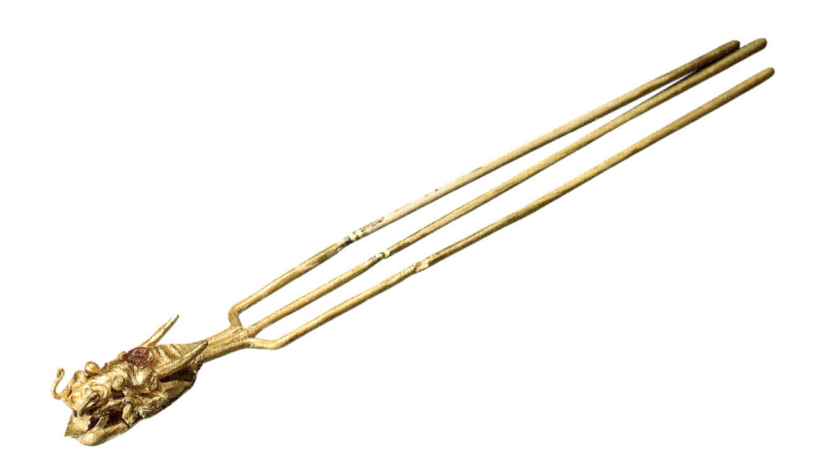

金钗

明 / 2017年江口沉银遗址出水

附录一

金耳环

明 / 2017年江口沉银遗址出水

金手镯

明 / 2017年江口沉银遗址出水

金帽顶

明 / 2017年江口沉银遗址出水

金纽扣

明 / 2017年江口沉银遗址出水

金带铐

明 / 2017年江口沉银遗址出水

附录 二

关于「永昌大元帅印」的几点看法

永昌大元帅印，2013年自彭山江口沉银遗址被盗出，三年后的2016年被警方从西北追回，现藏于眉山市彭山区文物保护研究所。[1]该印为黄金制成，方形印台，虎形印钮。

印台边长10.3、厚1.6、通高8.6厘米，总重3195克。印面铸"永昌大元帅印"六字，九叠篆，朱文，可见加刀修整痕迹。印背刻款二行，首行为译文，次行刻"癸未年仲冬吉日造"（图1）。该印系追缴文物，缺乏科学的出水信息。目前学界对这方金印为明崇祯十六年（1643）制作且为农民军用印基本达成共识，但对其制作者、使用者以及印文的含义尚存在较大争议。如李飞、周克林二位先生认为这方金印的制作者及使用者为张献忠，印文中的"永昌"二字为吉语；[2]黄家祥先生则认为该印的制作者及使用者均为李自成，印文中的"永昌"二字则代表大顺政权的年号。[3]笔者拟结合明末清初的历史背景以及张、李两支农民军的关系，就这方金印的制作者及使用者浅谈几点认识。

图一　永昌大元帅印背款及矜本

1　蒋璐：《"张献忠沉银"盗掘案始末》，《文物天地》2017年第1期，第120—124页。
2　李飞：《"永昌大元帅印"考》，《四川文物》2018年第3期，第81—84页；周克林：《永昌大元帅金印考》，《四川文物》2018年第3期，第85—89页。
3　黄家祥：《"永昌大元帅印"初探》，《四川文物》2019年第3期，第87—94页。

一、金印非张献忠自作用印

张献忠自作用印,与其身份不符。根据金印背款纪年,该印制作于崇祯十六年冬月(1643年11月)。这一年,张献忠率领大西军转战于湖广地区。三月,攻占黄州府后,据府自称西王。[1] 五月,攻占武昌府,将末代楚王朱华奎沉于江,改武昌府为京城,并仿照明朝制度设立了六部和五府,铸王印"西王之宝"。实行科举制度,通过殿试录取进士,授予郡县官职。[2] 由此可见,崇祯十六年(1643)的上半年,张献忠已经建立起自己的政权,并且称王。他此时自称的"西王",与之前所称"西营八大王"的含义已经完全不同,不仅是一支军队的最高领导者,更是一个割据政权的最高统治者,这是他身份的一次重要转变。崇祯十七年(1644),张献忠在成都自立为帝。从"称王"到"称帝",则是他身份的再一次重要转变。在与张献忠同时的另外一位农民军将领李自成身上,也能看到类似的转变轨迹。崇祯十六年(1643)春,攻占承天后,李自成自号"奉天倡义大元帅"。五月,自称"新顺王"。[3] 崇祯十七年(1644)正月,于西安称帝,建立大顺政权,年号永昌。在二者身上,我们均能清楚地看到他们从军队领导者到"称王"再到"称帝"的身份转变,因此崇祯十六年(1643)三月已"称王"的张献忠,是没有理由在同年十一月份再自封为"永昌大元帅"的。

---

1 "丙辰,献忠自蕲水疾驰至黄州,乘大雾攻城。……献忠据府自称西王。"谷应泰:《明史纪事本末》卷七七,北京:中华书局,2015年,第1327页。

2 "献忠遂据楚王府,僭称武昌曰京城。伪设六部、五府,铸西王之宝。开科取士,殿试取三十人为进士,授郡县官。"谷应泰:《明史纪事本末》卷七七,北京:中华书局,2015年,第1328—1329页。

3 "自成自号奉天倡义大元帅,号罗汝才代天抚民威德大将军。……当是时,十三家七十二营诸大贼,降死殆尽,惟自成、献忠存,而自成独劲,遂自称曰新顺王。"张廷玉等:《明史·流贼传》卷三〇九,北京:中华书局,1974年,第7959—7961页。

印文与大西军制不符。张献忠在武昌建立地方政权后，大西军仿照明军设立了五军都督府。张献忠于成都称帝后，分设东、西、南、北四将军，作为军队统领，以孙可望为监军；将大西军分为一百二十营，每营设都督领之，城外列大营十、小营十二。[1]以将军、都督分领各营，这是大西军的基本制度。除此以外，据后晓荣先生研究，大西军中的武官还包括指挥使、御营使、总兵和守备等职务。[2]我们在明清诸多历史文献中，至今未见一例关于大西军中曾设"大元帅"的记载，但与此同时对李自成曾自号"大元帅"的事实则记载得非常充分，因此不能简单地将这一状况归结为文献失载。

总之，从制作时间来看，这方金印与张献忠当时的身份并不符合，且印文也不符合大西军的军制，因此这方金印不可能为张献忠自作用印。

二、金印为李自成制作并赐予张献忠

李自成有制作这方金印的动机。崇祯十六年冬月（1643年11月），李自成已经占据了陕西的大部分地区。十月，在潼关一役中，明督师孙传庭战死，大明王朝丧失了北方对抗农民军最重要的力量。之后李自成顺利占领西安，攻下延安、榆林等陕北重镇，并向山西进军，取得节节胜利。此时，大顺军的敌人除了明军以外，最主要的对手就是张献忠的大西军。袁庭栋先生已对张、李两支农民军的关系做过较为精辟的论述，认为二者是沿着合作—分裂—对峙—冲突这样一条道路在发展。[3]这一时期，二者正处于对峙阶段，他们分别占有陕西

---

[1] "分其兵一百二十营，虎威、豹韬、龙韬、鹰扬为宿卫，设都督、总督领之。城外立大营十、小营十二。"吴伟业：《绥寇纪略》卷十，上海：上海古籍出版社，1992年，第289—290页。

[2] 后晓荣、程义：《明末张献忠农民军用印初探》，《中国国家博物馆馆刊》2016年第6期，第108页。

[3] 袁庭栋：《论明末李自成与张献忠两支农民军的关系——兼与方福仁同志商榷》，《张献忠在四川》，成都：《社会科学丛刊》编辑部，1982年，第174页。

和湖广的大部分地区。虽然从军事实力来讲，李自成要更胜一筹，但此刻的大顺军正在向推翻大明王朝统治发起最后的冲击，为避免同时对付两个强敌，李自成对张献忠的大西军采用了招抚政策，以便达到自己称帝，成为天下共主的目的。"自成久觊尊号，惧张献忠、马守应结为患。既入秦，通好献忠。献忠厚币逊词语。自成遂僭号。"[1]可见，李自成在称帝之前，与张献忠有过沟通，并达成了共识，"永昌大元帅印"就是这次沟通的物证。称帝前夕的李自成，以大顺军的最高军职为筹码，来招抚自己的强敌。"永昌大元帅印"也可能只是一个象征，用来作为张献忠不反对李自成称帝的信物。虽然"永昌"二字成为大顺政权的年号要迟至崇祯十七年（1644）正月，但是在李自成称帝前夕的十一月就已经确定，也并非不可能。关于大顺政权"印"字的避讳问题，黄家祥先生在其文章中已做了相关考证和解释。[2]考虑到这方金印的制作时间，笔者认为这种理解无疑是正确的。

  李自成有过授官赐印招抚对手的做法。崇祯十六年（1643）三月，李自成为壮大自己的力量，采用兼并与招抚两种方式，最终成为农民军中实力最为强大的一支。在这次农民军的内部整合过程中，李自成杀革里眼、左金王和罗汝才，收编了他们各自的军队。对于愿意归顺的马守应则授"永辅营英武将军"，并赐予金印。[3]在此之前的正月，李自成自称"永昌倡义大元帅"的同时，也曾授予罗汝才"代天抚民威德大将军"，在此之后的十月，为招抚明汝宁副总兵沈万登，也曾授予他"威武大将军"一职，但沈万登并未接受。[4]可见，李自成在其征战过程中，曾多次以授予官职的形式来招抚对手，为他所用。故于称帝前夕，再次通过这样的方式来招抚张献忠这个最主要的对手，也就显得再正常不过了。

---

1 谈迁：《国榷》卷一〇〇，北京：中华书局，1958年，第6012页。
2 黄家祥：《"永昌大元帅印"初探》，《四川文物》2019年第3期，第92—93页。
3 "闯授回贼永辅营英武将军金印，印重四十八两，回嫌其小，不用。"钱䫈：《甲申传信录》卷六，上海：上海书店，1982年，第104页。
4 "万登本汝宁大侠也，聚乡勇万余人。李自成伪授威武大将军，不受。"谈迁：《国榷》卷九七，北京：中华书局，1958年，第5992页。

张献忠有接受这方金印的理由。崇祯十六年（1643），张献忠率领大西军在湖广地区的作战中取得了一系列重要胜利，先后攻占了湖广的蕲州、黄州、武昌、岳州、长沙、衡州、永州和江西的袁州、吉安等城市，"于是湖南、北十五府，陷者十三，辰州以土司塞辰龙关，郧阳以按察使高斗枢、游击王光恩百计捍御，独得存"。[1]但是一片大好的胜利势头在当年的十一月发生了转变，平贼将军左良玉移镇武昌，派遣马进忠、马士秀等将领收复了岳州和袁州。承天巡抚王扬基借助辰州和左良玉兵收复了黄陂和孝感。江西总督吕大器也出兵收复了吉安府。这对于张献忠的大西军来说，确实是遭遇到了不小的挫折。与此同时，李自成不断攻城略地，大顺军席卷西北地区。如果说之前二者算是旗鼓相当，那这个时候李自成的实力无疑已经超越了张献忠。在敌强我弱的情况下，张献忠选择接受李自成的授官赐印，自然是为了让李自成安心，以求达到自保的目的。他放弃湖广进军四川，就是考虑到四川偏处一隅，易守难攻。[2]在大顺政权行将统一全国之际，张献忠以一种示弱的态度面对李自成，以便能够顺利入川，在巴蜀地区建立割据政权，这是由二者之间此消彼长的实力变化所决定的。在张献忠的征战生涯中，这种情况并不是第一次发生。在于己不利的形势下，他既曾"受抚"于明廷，也曾示弱于李自成。崇祯十年（1637），张献忠在河南南阳大败于左良玉，崇祯十一年（1638），于湖北谷城接受了明总理熊文灿的招抚。崇祯十六年（1643），张献忠攻占武昌后，李自成曾写信给张献忠要求其归顺。张献忠在收到书信后"卑词以答"，并回赠李自成很多金银珠宝。[3]故在崇祯十六年的冬月（1643年11月），张献忠接受李自成的授官赐印，不过是他再一次为达到自己战略目的的权宜之计。张献忠在向四川进军

---

1 夏燮：《明通鉴》卷八九，北京：中华书局，1959年，第3512页。
2 顾诚：《明末农民战争史》（修订版），北京：光明日报出版社，2012年，第316页。
3 "初，李自成兵临汉阳，不克。闻献忠取之，自成怒……及聚取武昌，复遣人贺之曰：'老回回已降，曹、革、左皆被杀，行将及汝矣。'献忠惧，卑词以答，求彼此为援，多赍金宝，报使于自成。"计六奇：《明季北略》卷十九，北京：中华书局，1984年，第380页。

的途中，使用的正是李自成的"永昌"年号，这也是他曾短暂归附于大顺政权的佐证。[1]

印文符合大顺军的军制，形制与现存大顺政权官印更为接近。大顺军中确曾设有"大元帅"一职，并由李自成亲自担任。"李自成伪称倡义文武大元帅，一品。次权将军，二品。次制将军，三品。次果毅将军，四品。次威武将军，五品。次都尉，六品。次掌旅，七品。次部总，八品。次哨总，九品。"[2]因此据印文来看，这方金印出自大顺军显然更为合理。目前已知大西政权和大顺政权的存世官印各为14方。[3]大西政权的14方官印中除"西王之宝"外，其余13方背款均以"大顺"年号纪年。大顺政权的14方官印中，除2方背款不明外，其余12方中有10方以"永昌"年号纪年。值得关注的是印文为"辽州之契"和"汲县之契"的2方官印（图2、图3），[4]其背款均以"癸未"干支纪年，这是李自成在大顺政权正式建立前的一种纪年方式，"永昌大元帅印"背款的纪年方式正与之相同。

总之，从崇祯十六年（1643）的历史背景出发，并结合张、李两军的关系来推断，"永昌大元帅印"应是由李自成制作，并赐予张献忠，这方金印本身的形制也与存世的大顺政权官印更为接近。

1　"逆初犹称李自成永昌伪号，至是据蜀王宫殿，僭伪位，国号大西，改元大顺。"沈荀蔚：《蜀难叙略》，《中国野史集成》第29册，成都：巴蜀书社，1993年，第505页。
2　谈迁：《国榷》卷九七，第5992页。
3　黄家祥先生在《"永昌大元帅印"初探》一文中，介绍了14方大西政权的官印和13方大顺政权的官印，漏记一方印文为"临县学正之记"的大顺政权官印，见于后晓荣、贾麦明：《新见三枚明末李自成农民军铜印及相关史实初探》，《中国国家博物馆馆刊》2018年第6期，第61页。
4　"辽州之契"现藏于故宫博物院，"汲县之契"现藏于渭南中心博物馆。

图二 辽州之契背款及钤本

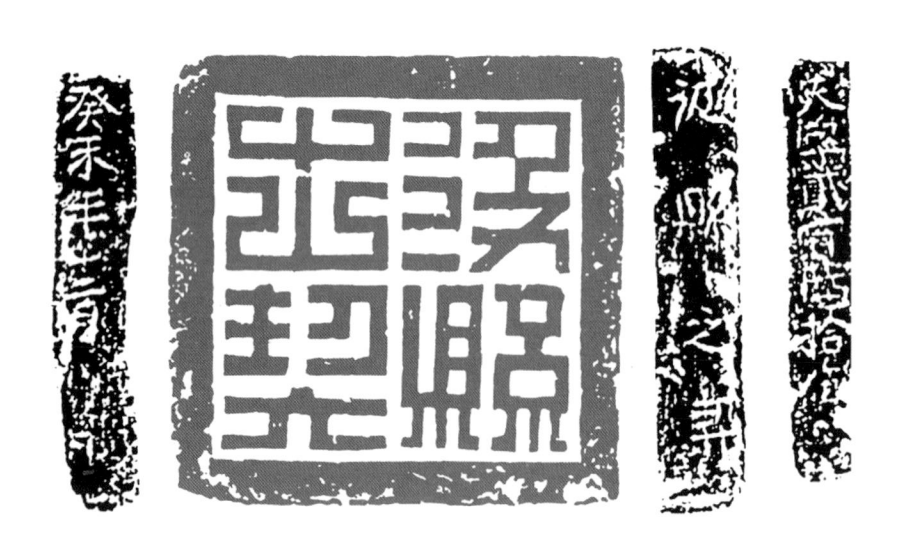

图三 汲县之契背款及钤本

三、这是一方废印,张献忠并未真正使用

崇祯十六年(1643)十二月,张献忠放弃了他在湖广地区的大本营长沙,自岳州渡江,与此时正在荆州的马守应汇合。张献忠虽"奉永昌年号",但进入荆州城时仍自称"西王",[1]可见其并未真正接受李自成授予的"永昌大元帅"一职,而这方金印当然也就不会被实际使用。崇祯十七年(1644)正月,张献忠自荆州向西,由夔州入川。大西军在入川的过程中并未遇到明军过多的抵抗。六月陷重庆,杀瑞王朱常浩及巡抚陈士奇,八月攻占成都,蜀王朱至澍自尽,巡抚龙文光投水死。至此其入川割据的战略目的已然达成,张献忠对外恢复了"西王"的称号,也不再使用李自成的年号"永昌",开始使用自己的年号"大顺"。[2]

总之,自崇祯十六年(1643)十一月至崇祯十七年(1644)八月,张献忠"永昌大元帅"的身份仅仅是名义上存在了十个月。这个身份,对于他而言,只是迫于形势的一种权宜之计,既不会在大西军内部使用,也不会对外宣扬,所以不见于明清时期的文献记载也就可以理解了。

---

1 "献贼入城,自称西王,诡慰士民,并授文武伪职,此皆癸未十二月事。"《康熙荆州府志》卷四十,《中国地方志集成·湖北府县志辑53》,南京:江苏古籍出版社,2013年,第613页。

2 "献忠遂僭号大西国王,改元大顺。"张廷玉等:《明史·流贼传》卷三〇九,北京:中华书局,1974年,第7976页。

结语

"永昌大元帅印"是一方由李自成制作,并赐予张献忠的金印,是见证张、李两支农民军关系的重要实物。在明末清初的特定历史背景下,于李自成而言,这是他招抚对手、完成自己称帝梦想的一种手段;于张献忠而言,这是他麻痹敌人,以便实现入川割据的一种策略。伴随着李自成从京师的败退和张献忠在成都重新称王,这方金印短短十个月的历史使命就这样结束了。顺治三年(1646),大西政权内外交困,张献忠在从成都撤离的前夕,再受重创,其运载物资的船队与前明参将杨展率领的地方武装在彭山江口遭遇,战败船沉。江口之战已被2017年江口沉银遗址的考古发掘所证实,[1] "永昌大元帅印"应该就是在这次战争中,随着张献忠的其他珍宝一并沉入了岷江水底。

(原载于《中华文化论坛》2020年第4期,第41—45页)

---

[1] 四川省文物考古研究院等:《四川眉山彭山江口明末战场遗址ⅡT0767发掘简报》,《文物》2018年第10期,第26—58页。四川省文物考古研究院等:《四川眉山市彭山区江口明末战场遗址2017年ⅡT1066发掘简报》,《四川文物》2018年第5期,第36—47页。

附录三

江口沉银知识地图

万明：《张献忠为什么会有大量白银沉于江口》，《中国史研究动态》2016年第5期。

江玉祥：《张献忠藏宝之文献考察》，《中国史研究动态》2016年第5期。

李飞：《张献忠"沉银埋宝"初步研究》，《中国史研究动态》2016年第5期。

李飞：《"永昌大元帅印"考》，《四川文物》2018年第3期。

周克林：《永昌大元帅金印考》，《四川文物》2018年第3期。

刘志岩：《考古志愿者的江口模式》，《中国文物报》2018年9月21日。

刘志岩等：《四川眉山江口明末战场遗址ⅡT0767发掘简报》，《文物》2018年第10期。

刘志岩等：《四川眉山市彭山区江口明末战场遗址2017年ⅡT1066发掘简报》，《四川文物》2018年第5期。

刘志岩：《明代金册初论》，《中国国家博物馆馆刊》2018年第8期。

李飞：《大西政权金册考》，《中国国家博物馆馆刊》2018年第8期。

黄维等：《彭山文物保护管理所藏金册錾刻工艺与金属成分》，《中国国家博物馆馆刊》2018年第8期。

霍宏伟：《四川彭山江口遗址出水西王赏功金银币探讨》，《中国国家博物馆馆刊》2018年第8期。

高大伦等：《从江口出水金封册看明代封册制度》，《文物》2018年第10期。

张彦等：《"江口沉银"遗址发掘后对张献忠研究的几点思考》，《中华文化论坛》2018年第12期。

王俪阎：《从"江口古战场遗址"等面世实物探张献忠铸币》，《中国文物报》2018年8月21日。

黄家祥：《"永昌大元帅印"初探》，《四川文物》2019年第3期。

邓前程：《彭山"江口沉银"考古发掘的学术价值探讨》，《中华文化论坛》2019年第4期。

龙朝彬等：《四川江口沉银遗址出水湖南常德明荣藩金册金宝相关情况研究》，《湖南省博物馆馆刊》2019年。

后晓荣等：《明末永昌大元帅虎纽金印考》，《苏州文博论丛》2019年。

刘志岩：《关于"永昌大元帅印"的几点看法》，《中华文化论坛》2020年第4期。

万明：《"江口沉银"所见明朝与大西朝的货币财政——基于明代白银货币化的分析》，《中华文化论坛》2020年第4期。

陈世松：《江口出水赋税银锭与明末四川社会变迁》，《中华文化论坛》2020年第4期。

JiangKou ChenYin 考古手记

后记

经过八年六次的考古发掘,江口沉银遗址目前总计出水文物已多达70000余件,这是中国考古史上集中发现金银器数量最多的一次,并且首次发现了张献忠册封妃嫔所用金册和明代藩王世子所用金印。这批文物来源地域广泛,内涵非常丰富,涉及明代社会的政治、经济、历史、文化和军事等多个方面,是考古资料对明代社会最为全面的一次反映。因为所发现文物对于明清社会和历史研究的重大意义,在2021年中国现代考古学诞生百年之际,江口沉银遗址成功入选"中国百年百大考古发现"。

除了考古发掘和文物保护工作以外,江口沉银遗址的展示利用工作也正在紧锣密鼓地进行着。我们深知考古发掘成果,既不是考古学家的私人财产,也不应成为考古单位的秘密藏品。只有让文物以多种形式回馈公众,才能最大程度上发挥它的社会效益。

2020年9月27日,江口沉银博物馆正式开工建设。博物馆选址位于岷江、府河交汇处的三角洲上,毗邻考古发掘现场,建筑规模54000平方米。博物馆按照国家一级博物馆标准建设,面向全球公开征集设计方案,雅克·费尔叶团队的设计方案最终入选。法国设计师在设计方案中引入了"考古地层"的概念,从多个角度打造具有"考古地层"质感的博物馆视觉空间。同时特别强调了江口沉银事件中的关键元素"水",将博物馆设计成漂浮在水面的姿态,与周边水系形成一体格局。如果从空中俯瞰,方形的博物馆被圆形的水面包围,外圆内方的格局正如一枚江口沉银遗址发现的标志性文物"西王赏功"币。博物馆建成后,遗址出水的数万件文物都将在这里进行保护、研究和展示,这里也将成为张献忠宝藏最后的家园。

在博物馆建成前,为了能够让公众第一时间、近距离地接触到江口沉银遗址的考古成果,一睹张献忠宝藏的真容,我们特意安排了部分出水文物进行巡回展览。按照计划,每年与一座国内的顶级博物馆合作,以"江口沉银考古成果"为主题举办展览。目前,文物巡展已经进行了四站,分别在国家博物馆、四川博物院、广东省博物馆和辽宁省博物馆举行,总计展出江口文物1600余件次,吸引观众超过100万人次。与此同时,我们开设了"江口沉银遗址考古大讲堂",组织参与发掘的考古专家和骨干力量,在四川、广东等地的图书馆,在上海、湖北等地的博物馆,在北京大学、复旦大学、厦门大学和四川大学等高校,在北京中学、天府七中和天涯石小学等中小学开展巡回讲座40余场,听众超过万人,在向公众普及考古成果的同时,也向感兴趣的同学们传递了考古知识,为考古学科的发展和考古人才的储备埋下了一颗颗种子。

江口沉银遗址,无论是考古发掘还是专题展览,其资讯体现出的传播力都是现象级的。在新华社、央视、人民日报、四川日报、封面新闻等国家、省级主流媒体的加持下,同时采用直播、VR、H5等多种方式对江口沉银遗址的发掘与展览成果进行全方位的宣传报道。目前,各类媒体播发出的相关稿件已经超过1000余篇,阅读浏览量达上亿人次。在这个信息多元化的时代里,我个人也顺应时代潮流,在微博上开通了名为"考古君"的账号,与对"江口沉银"考古、对历史文化有兴趣的网友们进行日常互动,同时也做一些考古知识的小科普。到目前为止,这个账号累积的粉丝数量已经接近300万,日活跃粉丝量超过100万,年阅读量超过了2亿次。在与众多网友的互动中,其中有两条粉丝的反馈至今让我记忆犹新,兹记录如下:

  刘老师您好,我是一名来自甘肃的高三毕业生。我从小喜欢考古,关注您的微博也有很久了,我从您的微博中学到了很多知识,也坚定了自己的信心,我还在班级讲坛上分享过江口沉银遗址的考古发现。如今终于圆梦北大,在此向您表达真挚的感谢。

  老师您好,突然翻到自己2019年在广州听您讲座时发的微博,虽然从小对考古感兴趣,但是从您的讲座上我第一次知道当今中国应用到考古中的科技手段已经如此先进,这不仅使我震撼,也让我有了真正投身考古事业的想法。由于是个理工科的学生,我以前都认为我完全没机会做考古相关的工作,但是从您的讲座之后,我开始仔细查找相关资料,在2021年终于考上了考古学的博士。您当时给我留言希望以后可以在考古工地上见到我,相信在接下来的学习中,在未来的工作中,我也可以实现学校老师对我们把论文写在祖国大地上的期待。感谢您在无意中给到我的指引和希望,我记得当时去听您讲座的时候,有同学问了高考考考古专业的要求,相信有您这样的考古工作者的努力,以后会有更多的学生投身考古事业,再次感谢。

  这样的反馈,既让我感动,更让我充满动力。在互联网上科普考古知识,无疑会占用自己的一部分科研时间,甚至还会引发部分人的误解,但正如苏秉琦先生所说"考古是人民的事业",作为一名考古工作者是有义务把成果还给人民的,这也是让我能够坚持把考古科普做到今天的最重要的理由。

在江口生活的八年，于我而言是终生难忘的八年，这八年恰是遇上了中国考古学大发展的时代，这种大发展给我们带来的变化是显而易见的。我们的考古团队从最初的三个人，到现在的近二十个人；我们的装备从最开始只有手铲和勺子等最简单的工具，到现在配备了超景深3D显微镜、XRF便携式荧光光谱仪等现代化的分析检测设备；我们的办公场地也从逼仄的旧汉崖墓博物馆搬到了宽敞的新汉崖墓博物馆里。这八年里我们经历了太多的困难，也收获了不少的惊喜，但不管是高光还是暗淡时刻，最让我感动的是始终有各级领导的支持和信任，始终有一支能吃苦、打硬仗的团队，不离不弃地陪我坚守在滔滔的岷江岸边，一起吹过冬日刺骨的江风，又一起走过夏日泥泞的道路。

最后我想说的是：考古人是幸运的，因为我们可以亲手触摸历史；但考古人又是不幸的，因为我们所见证的历史总是残缺。传说和历史之间似乎只隔了一次考古发掘，但这背后凝聚的是数十个考古工作者上百个日夜的艰辛努力。今天我们通过努力重现了370多年前那段波澜壮阔的历史，今后在江口沉银遗址的保护与利用、文物的展示与研究等方面，需要我们去做的还有很多……

刘志岩

2024年9月15日于四川成都

江口沉銀
JiangKou
ChenYin
考 古 手 记

图书在版编目（CIP）数据

江口沉银考古手记 / 刘志岩著. -- 成都：巴蜀书社，
2024.10. -- ISBN 978-7-5531-2279-3
Ⅰ.K878.04
中国国家版本馆CIP数据核字第2024RN5022号

JIANGKOU CHENYIN KAOGU SHOUJI
江口沉银考古手记

刘志岩 著

出 品 人	王祝英
策　　划	周　颖　吴焕姣
责任编辑	吴焕姣　王　莹
特约编辑	史晓鹏
责任印制	田东洋　谷雨婷
装帧设计	冀帅吉
营销编辑	熊苓伶
出　　版	巴蜀书社
	四川省成都市锦江区三色路238号新华之星A座36楼　邮编：610023
	总编室电话：（028）86361843
网　　址	www.bsbook.com
发　　行	巴蜀书社
	发行科电话：（028）86361852
经　　销	新华书店
印　　刷	成都市东辰印艺科技有限公司
版　　次	2024年10月第1版
印　　次	2024年10月第1次印刷
尺　　寸	148mm×210mm
印　　张	7.75
字　　数	200千
书　　号	ISBN 978-7-5531-2279-3
定　　价	88.00元

本书若出现印装质量问题，请与工厂联系调换